# 干部管理韬略

## 系统解决干部管理八大痛点

汤 鹏 李志华 应心凤 ◎著

机械工业出版社
CHINA MACHINE PRESS

进入经济发展新周期，如何确保在不确定环境下持续打胜仗，如何寻找第二曲线，如何突破旧的思维和经验寻求新的突破等，成为摆在企业面前迫在眉睫要解决的问题。在破解这些问题时，企业管理干部群体的工作状态起到至关重要的作用，直接决定了新的经济发展周期中企业的组织能力。如何抓好管理干部这一"牛鼻子"，是每个企业家在组织能力建设方面必须首先关注的问题，是每个企业都需要关注的管理重心。

基于 15 年服务 200 余家企业的管理咨询实践经验，本书作者总结提炼出当前企业普遍存在的干部管理八大痛点，从痛点出发寻找系统的解决方案，提出从干部标准、干部选拔、干部任用、干部培养、干部激励到干部退出以及干部管理组织保障七个方面系统化建设企业的干部管理体系，推动企业真正做好干部管理，从而实现业绩增长。

**图书在版编目（CIP）数据**

干部管理韬略：系统解决干部管理八大痛点 / 汤鹏，
李志华，应心凤著 . -- 北京：机械工业出版社，2025.

1. -- ISBN 978-7-111-77530-0

Ⅰ . F272.91

中国国家版本馆 CIP 数据核字第 20254CR868 号

机械工业出版社（北京市百万庄大街 22 号　邮政编码 100037）
策划编辑：孟宪勐　　　　　　　　责任编辑：孟宪勐　高珊珊
责任校对：高凯月　马荣华　景　飞　责任印制：常天培
北京铭成印刷有限公司印刷
2025 年 2 月第 1 版第 1 次印刷
170mm × 230mm · 15 印张 · 1 插页 · 171 千字
标准书号：ISBN 978-7-111-77530-0
定价：69.00 元

电话服务　　　　　　　　　网络服务

客服电话：010-88361066　　机 工 官 网：www.cmpbook.com

　　　　　010-88379833　　机 工 官 博：weibo.com/cmp1952

　　　　　010-68326294　　金 书 网：www.golden-book.com

**封底无防伪标均为盗版**　机工教育服务网：www.cmpedu.com

# 序　言
## 时代呼唤干部管理

　　"管理如登山，左边是管理实践的悬崖，右边是管理理论的深渊，稍不小心就掉下去。"这是明茨伯格的经典论述，也是我从事管理咨询、实践十五年来的深切体会。我们深知，管理既非纯粹的学术探讨，也非简单的经验堆砌，而是理论与实践交织的艺术，需要不断在试错与反思中前行。正是这份对管理事业的热爱与敬畏，驱使我们不断攀登，勇于探索诸多管理问题的答案——"干部管理"便是我们近年来尤为关注并深入研究的课题。

　　在当今快速变化的商业环境中，企业的核心竞争力和可持续增长能力越发取决于其核心人才。干部作为企业中的"关键少数"，其能力和意愿直接决定企业未来能否成功，小米、阿里巴巴、腾讯等国内众多标杆企业早已认清这一点。作为国内企业竞相学习的标杆，华为始终将干部管理作为人力资源管理工作的核心，任正非先生的很多讲话都是指向干部队伍建设的，他认为干部才是华为最宝贵的财富，是未来胜利的保障。华为为此建立了一套完整的干部管理机制，打造了一支强有力的干部队伍，为华为应对危机与持续增长夯实了基础。

华为等标杆企业的干部管理成功经验肯定可以借鉴，但其体系之庞大、管理之复杂、干部资源之丰富以及管理能力之成熟等先决条件让很多企业望尘莫及，特别是中小企业。企业如果将华为的干部管理体系"拿来即用"，忽略自身的适配性，大概率会导致企业"消化不良"，干部管理问题可能非但得不到解决，反而会变本加厉，给企业发展带来不利影响，陷入"学我者生，似我者死"的尴尬境地。

基于此，结合十多年来在管理咨询中的实践案例，我们试图通过本书为众企业提供一种更具普适性、落地性和操作性的干部管理思路，帮助企业逐步建立起行之有效的干部管理体系，助力企业在这大变局时代仍能驰骋前行。

## 干部与管理者的异同

"干部"一词虽是舶来词，但在传入国内后在各个领域被广泛使用。在国内企业的语境中，干部不仅仅是一种职位或职称，更是一种使命和责任。就像华为提出干部是业务发展与组织建设的火车头，担负着发展业务、构建组织、带领与激励团队的使命和责任。阿里巴巴则要求每一位干部都兼具眼光、胸怀和实力，保持高昂的工作热情，忠诚于企业的发展目标，努力实现高绩效。

企业要打造干部管理体系，首先要清楚界定到底谁是干部，定义的模糊会导致管理方式产生差异。我们将本书中"干部"的基本概念总结如下。

广义的"干部"包括担任一定领导职务的人才、核心的研发人才、技术骨干，即组织中的骨干分子，起积极带头作用的人。

狭义的"干部"是指企业当中从事管理工作、带领团队促进企业发展、推动任务完成、实现企业目标的管理者，其素质和能力直接影响组织的整体效能。

本书所讲的"干部"，更多的是指狭义上的干部，特指企业的管理者。不过相比管理者，干部更强调"使命与责任"，主动与企业休戚与共，对企业的发展有更深层的影响；管理者则强调"权责与利益"，推崇职业精神，被动执行并实现团队目标。这是干部区别于管理者的最关键的标准，所以对干部的要求比对管理者的要求更高，管理者不一定是干部，但干部一定是管理者。

## "干部管理"之重

政治路线确定之后，干部就是决定因素。要实现企业的战略目标，干部一定是至关重要的决定因素。经我们研究发现，干部群体之所以如此重要，是因为其在企业中承担着发挥三大效应的使命。

其一，枢纽效应。干部承担着企业战略目标解读与分解、计划执行、资源配置等纵向承上启下、横向调配协作的枢纽角色。

其二，示范效应。员工的行为、态度和价值观等都会以干部的行为举止为榜样，对其进行学习或模仿，干部是企业文化的重要承载者，担负着践行、传播和维护企业文化的使命。

其三，杠杆效应。干部通过领导、激励、培养等管理手段提升和释放其所带团队的战斗力，实现以一人撬动十人、百人的效果，从而创造更强的团队力量和效益输出。

三大效应的存在，使得干部成为企业战略目标实现的核心、人才管理的核心、组织能力打造的核心，所以干部群体是企业发展的牛鼻子，牵动企业的长期发展和核心竞争力的形成。很难想象缺乏干部的枢纽调节，企业的战略目标该如何实现；没有干部正向的示范影响，企业是否还有精神内核；没有干部的杠杆效应，企业如何凝聚平凡人做非凡事。

特别是在大变革时代的今天，伴随着快速变化的环境和复杂的局势，干部作为企业的决策者，其长期正确的决策是企业"活下去"的关键；干部作为思想引领者，可以给员工传递信心，让大家坚定核心价值观和未来信念；干部卓越的领导力有助于稳定局面，带领团队应对复杂挑战，实现战略目标。

因此，干部作为驱动企业发展的"中枢神经"和"主心骨"，是企业应该也必须管理好的核心资源和战略资源。我们坚定地认为，企业赢得未来，胜在干部。

## 干部管理的挑战

企业需要干部的根本目的是打胜仗，实现组织的商业成功；而干部管理的根本目的是使能打胜仗的干部源源不断地出现。不过我们调研发现，当前企业的干部管理面临诸多挑战，如干部人才短缺、干部能力不足、干部培养难、空降干部"存活率"低、干部能上不能下、干部持续奋斗意愿下降等一系列问题。在解决这些问题的时候，很多企业"头痛医头，脚痛医脚"，但发现"按下葫芦浮起瓢"；有的企业缺乏系统思维，"东一榔头，西一棒槌"，没有章法。这些方式不仅不能解决问题，反而会让企业陷入更糟的困境。

我们认为，出现上述现象的根源在于，当前企业在干部管理方面缺乏系统的理论支持，很多实践都基于经验和直觉，缺乏科学的方法论。虽然一些大型企业，如华为、美团、小米等，在干部管理方面积累了丰富的经验，但这些经验在其他企业身上的适用性还有待验证。特别是在中小企业身上，其资源、话语权、管理能力、管理成熟度和规范性等的限制让企业干部管理的矛盾更为突出。

因此，我们想撰写一本更通用的关于干部管理方法的书，带着读者系统地了解整个干部管理的全貌，针对大部分企业目前在干部管理中面临的痛点问题给出"系统解"而非"症状解"。我们也试图在本书中结合不同规模、类型、发展阶段的企业实践进行思考总结，梳理出一套更适用的干部管理机制，以帮助企业家走出干部管理的困局。

我们希望本书不仅能够提供系统的理论指导，帮助企业家和管理者理解和掌握干部管理的核心原理，而且能通过分析标杆企业的成功案例，为大家提供具体的实践指导和启发。

对于企业内部的干部而言，本书可作为一本成长指南，无论是站在管理还是被管理的视角。通过阅读本书，干部们可以学习到丰富的实战案例、工具和方法，将理论知识转化为实际行动力，更有效地履行职责，助力个人职业发展和企业整体绩效的提升。

## 本书的内容结构

在阅读并深入理解本书的过程中，企业管理者将收获一系列深刻且实用的方法、工具，这些收获不仅限于理论知识的增长，还包括企业在干部管理实践中能力和成效的提升。

（1）系统化的干部管理机制认知。

本书通过八章的系统布局，让企业管理者可以全面掌握干部管理的核心要义与关键环节。从识别管理痛点、构建干部标准，到任用、激励、培养及退出的全生命周期管理，对于每一部分我们都希望能尽可能展现其全貌，让企业构建起一套完整、科学的干部管理机制认知框架。这种系统化的视角将帮助企业更好地把握干部管理的全局，避免片面性和盲目性。

（2）实战型的干部管理策略与工具。

书中不仅阐述了干部管理的理论原则，还提供了大量实战型的策略、方法和工具。比如，干部标准胜利模型、干部任用12字方针、干部激励16字要诀等，都是经过实践验证的、行之有效的管理工具。这些策略与工具将直接提升企业在干部管理中的操作性和执行力，让企业在面对实际问题时能够迅速找到解决方案并付诸实施。

（3）高效能的干部管理技能提升。

通过阅读本书，企业家和管理者们将显著提升自己在干部管理方面的专业技能，了解如何科学制定干部标准、合理配置干部资源、有效激励干部团队、高效培养干部以及妥善处理干部退出等。这些技能的提升将直接反映在工作绩效上，使企业能够更加从容地应对各种管理挑战，推动企业持续健康发展。

（4）前瞻性的干部管理视野拓展。

本书不仅关注当前企业干部管理的现实问题，而且着眼于企业长期干部管理能力的建立，建议企业构建干部资源池、打造企业干部管理部门。这些举措将帮助企业拓宽干部管理的视野和思路，在面对未来不确定性和变革时仍能保持从容与淡定。企业家和管理者们将学会如何为企业的长远发展储备和培养优秀干部人才，如何构建健全的干部管理体系以保障企业的持续竞争力。

（5）跨界融合的管理智慧启迪。

本书融入了跨界的管理智慧，通过借鉴不同领域、不同行业的成功经验和做法，提供更为丰富和多元的管理启示。这种跨界融合的方式将帮助企业打破传统思维的束缚和局限，激发创新思维和灵感火花。企业将学会如何从不同角度审视和解决干部管理问题，推动企业在复杂多变的商业环境中实现稳健前行。

综上所述，本书将为企业带来系统化的干部管理机制认知、实战型的干部管理策略与工具、高效能的干部管理技能提升、前瞻性的干部管理视野拓展以及跨界融合的管理智慧启迪。这些收获将使企业家和管理者们在干部管理领域更加游刃有余、得心应手，为企业的发展贡献更大的力量。

## 致谢

我要衷心感谢韬略咨询这个充满活力与智慧的团队。作为一家深耕组织变革领域的管理咨询公司，我们深知干部及干部管理体系的全面升级对于企业发展的重要性。在众多的咨询项目实践中，我

X

们不断验证、调整和完善这套方法，汇聚成本书丰富、实用的知识体系。这份成果是韬略咨询团队共同努力、不懈探索的结晶。

特别地，我要向那些与我们并肩作战、共同在干部管理领域探索和实践的企业家们致以最崇高的敬意。你们的真知灼见、宝贵经验以及开放合作的态度，为本书增添了不可估量的现实价值。正是有了你们的参与和贡献，本书才得以更加贴近企业实际，更加符合读者的需求。在此，我衷心感谢你们的信任与支持，期待未来我们能继续携手前行。

同时，我要向参与本书研究的顾问老师们——乔小磊、焦静钰、杨毅、陈强表示最诚挚的感谢。你们的专业素养、严谨态度和无私奉献精神，是本书得以顺利出版的关键。在撰写过程中，你们倾注了大量心血，为本书提供了宝贵的见解和建议。

最后，我想强调的是，干部队伍的领先及干部管理体系的打造是一个不断进化的过程，它要求企业家和干部们不断进行自我挑战、自我打磨、自我升华。我们深知，在全球竞争日益激烈的今天，中国企业的崛起离不开一支高素质、高能力的干部队伍。因此，我们希望本书能够为中国企业在全球竞争力的提升上贡献一份绵薄之力。

由于作者水平有限，书中难免有不妥及错误之处，恳请读者朋友及同行批评指正、探讨交流。

以上，是为序。

汤鹏

2024年9月

# 目　录

# 第1章

# 抓住企业发展的牛鼻子

　　帕累托定律是19世纪末20世纪初意大利统计学家、经济学家维尔弗雷多·帕累托提出的，他指出：在任何特定群体中，重要的因子通常占少数，而不重要的因子则占多数，因此只要能控制具有重要性的少数因子就能控制全局。

　　该定律经过演化，已变成大家耳熟能详的"二八定律"（见图1-1），该定律的适用范围非常广且被普遍验证，比如在企业管理中，公司80%的利润来自20%的重要客户，80%的销售业绩来自20%的销售顾问，80%的制造成本来自20%的原材料，等等。

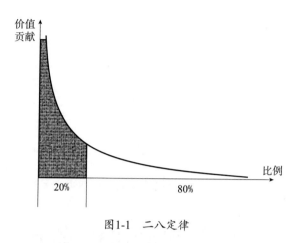

图1-1　二八定律

## 干部是企业发展的牛鼻子

在组织管理中，很多的经验和事实也早已证明，企业的业绩大部分由占比不到20%的关键岗位创造。卡普兰在《平衡计分卡》一书中甚至写道："有些企业仅仅5种工作岗位上的员工就决定了企业80%以上的战略重点……，我们有理由相信，很多企业的战略能否成功，取决于它们在培养这些不到10%的员工的能力上成效如何。"

所以，在管理资源和管理精力相对有限的前提下，要牢牢把控企业发展的节奏和局面，企业一定要抓住并聚焦企业发展的关键岗位，我们称之为"牛鼻子"岗位，确保这些"牛鼻子"岗位高质高效地输出源源不断的动力，就能驱动企业快速发展。

不同组织类型和发展阶段的企业，其"牛鼻子"岗位可能有较大的差异。比如在创新类企业，研发岗是"牛鼻子"岗位；在加工类企业，技术工艺岗是"牛鼻子"岗位；在贸易类企业，销售岗是"牛鼻子"岗位；在电商企业，采销岗和运营岗是"牛鼻子"岗位。但不管哪种类型的企业，只要具备一定规模（比如人数大于 100 人），"干部"一定是"牛鼻子"岗位。

## 干部是对管理者的更高要求

前面提到过"干部"在广义和狭义上的定义，可能大家会问，为什么要将这些相似的角色用"干部"来定义而不是索性就称呼为"管理者"呢？我们主要有以下三点考量。

历史文化传统：在中国的组织文化中，"干部"一词具有悠久的历史，这种传统和文化的延续使得在中国，"干部"成为一种相比"管理者"（相对更西方化）更为让人习惯和更为传统的用词。

标杆企业影响：华为、小米、腾讯等标杆企业越发重视和强调"干部"的重要性，并发展出"干部管理"的理念和先进做法，甚至成立独立于人力资源部的干部管理部门来管理"干部"，其管理思想和理念的扩散影响了大量的中国企业，"干部管理"已经深入人心。

强调标准差异：在管理实践中，"干部"常被期望拥有强烈的使命认同，助力企业商业成功；承担更加战略性的职责，参与制定战略和经营决策；保持政治正确，传承组织文化与价值观，对整个企业的发展有更深层的影响。而普通的"管理者"通常更专注于具体的团队、部门或项目的管理，他们负责带领员工实施战略，确保团队目标的达成。干部更强调"使命与责任，休戚与共"，管理者则强调"权责与利益，职业精神"，这也是"干部"区别于一般管理者最关键的标准。

所以，相比"管理者"，我们用"干部"一词是想强调其对企业的重要性和独特价值，自然对其的要求和标准也更高。正如华为 CEO 任正非所说："严酷的竞争形势要求干部队伍的所有成员都必须从思想上、行动上保持一种随时可以进入战斗的紧张状态，我们应该承认并尊重人们对安逸和享受的追求，但对管理者<sup>○</sup>而言，那应该是在退出管理岗位、不再承担管理责任之后的个人生活，因为形势不允许两全。"

不过，"干部"与"管理者"二者在企业实践中存在大量交叉、重叠甚至混用的情况，不同企业基于各自的管理需要对干部群体范围的界定也有差异，不具备完全的普适性。

### 案例一：万科的管理者和干部定义

万科集团（约 11 万人）将团队管理者分为三个职级，核心合伙人（GP）、骨干合伙人（SP）、合伙人（JP），其中 GP 被万科认定为干部团队（共计 116 人）。

GP 真正决定公司发展方向、参与公司重大决策，并监督执行层落地实施的人，由集团总部各 BG（事业群）、BU（事业部）第一负责人、集团总部分管业务条线负责人组成。

### 案例二：腾讯的干部定义

高层管理干部，是指通过公司红头发文，正式任命的管理职级在公司副总裁以上（含公司副总裁）的管理干部，包括公司副总裁、高级副总裁、高级执行副总裁等。

中层管理干部，是指通过公司红头发文，正式任命的管理职级为助理总经理、副总经理、总经理的管理干部。

---

○　此处语境应该是指"干部"。

　　基层管理干部，是指通过联合发文，正式任命的管理职级为副组长、组长、副总监、总监、高级总监的管理干部。

　　无论定义有何不同，本书所说的"干部"都具备下述五大共同特征：
　　（1）有正式的组织编制和岗位任命。
　　（2）是各层级组织及团队的主要负责人，有一定数量的下属。
　　（3）承担管理职责，通过管理创造价值。
　　（4）以组织和团队绩效结果来衡量其工作绩效。
　　（5）拥有强烈的使命认同感，对企业商业成功和长期生存有深层影响。
　　只要具备上述特征，各企业就可根据自己的管理层分级，对本企业干部群体的范围加以界定和明确，方便后续实施一系列的干部管理动作。

**三大效应决定干部的重要性**

　　都说干部重要，那干部为什么重要？干部群体在企业中到底发挥着什么作用？我们研究发现，干部群体肩负着发挥三大效应的使命（见图1-2），三大效应影响广泛且深远，决定着企业发展的质量和效率。

图1-2　干部管理三大效应

第一大效应：枢纽效应。

干部的枢纽效应是指干部承担着企业战略目标解读与分解、计划执行、资源配置等纵向承上启下、横向调配协作的枢纽角色。纵向上，干部承接企业老板的目标指示，并进行目标解码、监督下属执行；统筹分配权力、责任和资源，确保下属各司其职达成计划目标。横向上，干部组织协调跨部门合作，保证内部流程的高效运转。所以一旦干部的枢纽效应发挥不出来，必然会出现企业目标和动作上下不一致，左右不同步的问题，大大影响企业战略目标的达成。

可以把枢纽效应理解为干部就是一座类似立交桥的交通枢纽（见图1-3），地处路网各大通道或线路的交叉点，是路网客流、物流和车流的重要集散中心。一旦一座立交桥发挥不了作用或出现堵塞，就会造成城市大面积的交通瘫痪。

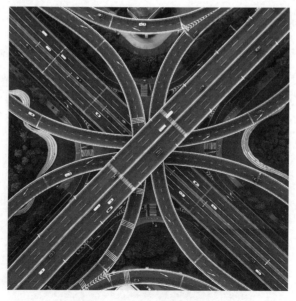

图1-3　枢纽效应示意图

第二大效应：示范效应。

示范效应是指员工的行为、态度和价值观等都会以干部的行为举止为榜样，对其进行学习或模仿，进而产生行为的改变。示范效应的影响可以是积极的，也可以是消极的。

事实证明，干部群体在企业管理中具有非常重要的示范效应，特别是在团队文化建设方面，如果发挥示范效应的积极影响，它可以：

（1）提高员工士气和工作动力。干部通过自身行为和成果展示出来的成功经验会激励下属员工学习和模仿。

（2）促进知识传递和经验分享。干部对下属员工进行培训和指导，能让员工更快地适应岗位并掌握技能。

（3）塑造企业文化。干部通过自身言行和对价值观的践行，可以为员工提供文化导航，传承企业文化，塑造良好的团队文化氛围。

正向的示范效应可以帮助团队取得更好的团队绩效和增强竞争力。但如果是负向的示范效应（也称为"坏榜样效应"），即干部的行为对下属员工产生了负面的影响，这些负面的行为会逐渐成为员工仿效的模式，进而导致不良行为在团队甚至企业传播和扩散，造成对企业规则和文化的破坏，也会削弱团队的绩效和竞争力。

第三大效应：杠杆效应。

杠杆效应是指干部通过领导、激励、培养等管理手段提升和释放其所带团队的战斗力，实现以一人撬动十人、百人的效果，从而创造更强的团队力量和效益输出。

通俗说来，干部都是带团队的，有的干部管理幅度小，带2~3个人的团队；有的干部管理幅度大，直属下级10~20人，间接下级成百上千也说不定。干部做得好，就能通过自己1个人撬动少则2~3个人

的最大价值，多则上千人的最大价值；如果干部做得不好，则自己 1
个人轻则影响 2～3 个人的价值贡献，重则影响上千人的价值贡献，这
就是杠杆效应（见图1-4）。一般干部的杠杆效应可能是 1～2 倍，但优
秀干部的杠杆效应可以达到十倍、百倍甚至千倍。

图1-4　杠杆效应示意图

　　阿基米德说："给我一个支点，我能撬动整个地球。"大多数好的
团队都有一个灵魂人物，团队依靠灵魂人物的带领，可以实现"平
凡人做不平凡事"的业绩目标。杠杆效应的发挥在很大程度上依赖
于干部的领导力。干部的领导力强，下属团队就会发生化学反应，产
生"1+1>2"的效果，即使单个人看起来能力不强，但有了团队的加
持，就能实现以一当十的效果。反过来，如果一个团队的干部的领导
能力不够，不能打造一个强凝聚力和战斗力的团队，那下属团队就会
像一盘散沙，做不成事情。这就是俗话说的："兵熊熊一个，将熊熊
一窝。"

　　基于三大效应可以看出，干部是企业战略目标实现的核心，是企
业人才管理的核心，更是企业组织能力打造的核心。可以说，干部群

体的能力和意愿将直接决定企业未来能否成功。所以"干部"太关键了，企业无论多强调干部岗位的重要性都不为过。

# 干部管理八大痛点

在管理实践研究中我们发现，或许是因为老板不够重视，或是缺乏干部管理的理念、方法和工具，很多企业在干部管理上都存在诸多问题，在这些问题面前，企业家们束手无策，为帮助企业捋顺干部管理的基本逻辑，我们整理出其中较为典型的八个痛点，并进行逐一剖析。

## 痛点一：现有干部胜任度不够

这是我们了解到的企业抱怨最多的痛点，没有之一，后续很多痛点的产生其实都跟这个痛点有关。2023年国际知名领导力咨询公司DDI（智睿咨询）对中国2000多位领导者和HR专业人士的调研数据显示（见图1-5），过去十年对所在企业领导力水平做出"高评价"的受调查者不超过五成，到2022年更是下滑至38%。其中，大家对高层领导者的领导力水平最有信心，有51%的受调查者将企业高层的领导力质量评为"好"及以上，而仅有38%的受调查者将中层领导者的领导力质量评为"好"及以上，29%的受调查者将基层领导者的领导力水平评为"好"及以上（见图1-6）。

很多企业都表示，随着企业的发展和规模的扩大，现有干部的能力越来越难以满足干部岗位和企业发展的要求。造成如此局面的原因很多，但主要原因有两个。

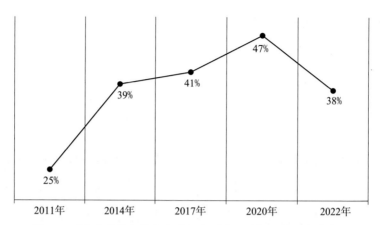

图1-5　对企业整体领导力水平做出"高评价"的受调查者占比

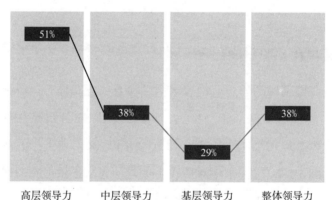

图1-6　对不同层级领导力水平做出高评价的受调查者占比

一是原先的干部任命就是矮子里面拔将军，勉为其难地让其担任干部，但随着企业规模逐渐扩大，问题复杂度的上升使其能力短板凸显：解决不了问题，干不成事情。

二是干部学习能力和潜力欠缺，能力成长速度跟不上企业发展的速度，造成其胜任度越来越低。

更有甚者，有些干部位高权重，但思想观念陈旧，知识结构老化，认知与思维落后，危机意识不够，又不愿意走出舒适区，学习动力和意愿不足，不愿推动和适应企业变革，甚至阻碍变革，没有成为企业发展的助力反而成为阻力。

从长远来看，未来企业之间的竞争日趋激烈，对干部的要求只会越来越高，如果干部特别是高层干部在能力、思想上没有做转型和升级的准备，没有提高胜任度，那么企业的转型和升级是不可能的。

所以企业应该根据发展需要，从战略维度考虑到底需要什么样的干部，明确并定期迭代干部的能力模型，对现有干部进行盘点，发现其能力匹配度，然后进行针对性的培养和发展，确保干部队伍的胜任度和人才密度，支撑企业的可持续发展。

### 痛点二：缺干部，无人可用

俗话说："国难思良将，时艰念诤臣"，很多企业家抱怨说平时没有感受到干部队伍的重要性，在两种情况出现的时候才发现，企业真的缺干部，缺"想干事、能干事、干成事"的好干部，放眼望去，无人可堪大用，无奈只能摇摇头自己干。

第一种情况：当企业发展遇到困难和危机时，当然不至于是狂澜既倒、大厦将倾式的问题，企业缺少能够勇敢站出来，主动承担责任，带领团队解决问题的干部。现有干部要么能力不够，要么意愿不足，一是没自信，二是怕承担风险和后果，因此老板只能自己带头上。

第二种情况：当面对新的发展机遇，业务快速扩张之时，企业缺少有能力和心智成熟的干部，缺能带领队伍开疆拓土、攻下山头的干部，尤其缺能让新业务实现成长和突破的将才。

"独木难成林"，企业的发展不可能仅依赖老板一个人，企业要从老板的个人成功走向团队和组织的成功，需要大力吸引和培养一批又一批优秀的干部，千万不要有"人到用时方恨少"的遗憾，错失企业发展良机。

### 痛点三：干部没有梯队和储备

很多企业，特别是中小企业，由于平台和资源有限，人才密度不够，干部队伍"一个萝卜一个坑"，不称职的干部没人可替代，企业想换人换不了。人才厚度不足，干部后继无人，青黄不接，后备人才短缺，干部队伍基本没有梯队和储备，人才出现断层，这也是一个比较典型的痛点。

对于任何一个企业来说，干部的梯队和储备都是干部队伍形成优胜劣汰、良性循环的基础。但是，干部梯队的建立存在一定的矛盾。

一方面，没有后备梯队，干部群体的连续性和稳定性不能保证，甚至某些干部可能会凌驾于组织之上，敢跟企业家叫板，因为他们觉得自己无可替代。

另一方面，如果为防范上述风险，建立冗余性的干部梯队和储备又会造成企业资源的浪费，过多的冗余甚至会衍生出官僚主义和山头主义，导致企业内部运营效率遭受损害。

所以，对于企业来说，如何基于企业发展需要和资源禀赋，识别和培养具有潜力的干部，建立合理的梯队型的干部资源池；如何加速优秀后备人才脱颖而出，使其顺利成为干部队伍的一员；如何让现有干部承担培养后备人才的责任，这些是很多企业需要解决的问题。

## 痛点四：干部能动性不足

很多企业家经常会向我们咨询如何激发两类干部的能动性。

第一类，干部经过前期的努力奋斗实现了阶段性的成功，享受着权力和地位带来的好处。他们对事业的激情逐步衰竭，不愿意再艰苦奋斗，不像早期创业时一样深入一线，喜欢坐在办公室，远离市场和客户。很多干部甚至开始身陷官僚主义、享乐主义，不愿意走出舒适区，不愿意提出挑战性目标。

第二类，干部有能力，但主动性不足，不愿追求卓越、设立挑战性目标，不求有功但求无过，怕承担责任、冒风险，遇到问题绕着走，做事保守，对其他部门的需求和支持配合响应速度慢，严重影响内部经营效率。

企业发展如逆水行舟，不进则退，当坐车人比拉车人多的时候，企业发展就要走到尽头。要让企业保持增长动力和活力，就必须完美解决这些意志消沉、行为惰怠的干部的能动性问题：如何能让他们主动担责、驱动使命，重新焕发活力，而不是让老板用鞭子抽，用言语骂着走；如何让这些干部有凝聚力，在同一个目标下，力出一孔；如何打破平衡，铲除享乐主义、官僚主义、懒政主义，激活干部，让他们重燃事业激情。

## 痛点五：缺乏明确的干部标准

有些企业干部队伍人数不少，但哪些干部有业绩、有潜质，哪些干部能重用提拔，老板并不清楚。老板用人凭感觉、评价拍脑袋、提拔分钱没依据，背后最主要的原因就是企业缺乏明确的科学合理的干部标准。

毫不夸张地说，干部标准的建立是干部管理的基础，没有干部标准或者干部标准建立得不够科学、完善，企业就不能合理选拔干部，不能在任用过程中合理评价干部表现的好坏，也不清楚如何针对性培养干部，更不能基于干部的表现公平地进行干部正负激励，所以企业一定要建立一套匹配自身发展需要的干部标准，否则干部管理就是空谈。

很多企业建立了干部标准，其中包含能力素质项、价值观、知识技能等内容，看起来很全面、科学，用起来以后却发现按照这套标准选拔出来的干部在业绩上并不出色，打胜仗能力一般，带团队表现平平，所以企业就会质疑干部标准，认同度越来越低，致使其逐渐形式化，实际选拔、任用时也不会参照干部标准。

如何建立一套真正适用和有用的干部标准（见表1-1华为地区业务部部长选拔标准示例），这是很多企业都面临的一个难题。

### 痛点六：干部培养难，欠缺培养方法

很多企业家都切身体会到缺少干部的痛苦，所以试图乃至花费很多资源和成本培养干部，但培养效果着实一般，据我们分析，这背后有两大原因。

原因一：不知道如何培养干部。培养方式简单粗放、效率低。很多企业其实缺少正确的培养理念和高效的培养方式，其中最大的误区就是把"培训"当"培养"，奢望通过几节培训课程或短期的密集训练就能培养出胜任的干部，这绝对是急功近利的做法，此种不系统的培养方法会造成企业虽投入了不少成本，但干部成才率非常低。

表1-1　华为地区业务部部长选拔标准示例

| | 能力要求 | | | | | | | | | | 业务经验要求 | | | | | |
| | 核心能力 | | | | | 其他能力 | | | | | 业务型经验 | | 管理型经验 | | | 海外区域经验 |
| | 战略思维 | 责任结果导向 | 建立客户伙伴关系 | 激励与发展团队 | 战略风险承担 | 组织能力建设 | 系统性思维 | 妥协灰度 | 协作影响力 | 跨文化整合 | 基层经验 | 培育客户关系 | 人员管理 | 项目经营与管理 | 担当盈亏 | |
| 能力要求 | 强 | 强 | 较强 | 较强（平均>5），其中激励与发展团队/系统性思维不能低于6，针对弱项需要单独说明 | | | | | | | 具备销售/市场营销/渠道/研发等领域基层经验积累融合的营销技能 | 丰富 | 丰富 | 基本 | 基本 | 需要 |
| 能力说明 | 终端产业竞争力的起点和终点都源自消费者，其行业人才特点与公司传统的运营商业务存在一定的差异，对战略思维、建立客户与伙伴关系、战略风险承担、激励性思维及妥协灰度这6项能力要求有相应的侧重点 | | | | | | | | | | | | | | | |
| 其他特质要求 | 富有激情，对新商业模式和生态系统有强烈的好奇心，学习能力强，具备创新思维 | | | | | | | | | | | | | | | |
| 品德与作风 | 需满足公司对干部在品德方面的要求，且两年内无重大负向关键事件 | | | | | | | | | | | | | | | |
| 核心价值观与使命命感 | 深刻理解并在实际工作中积极践行和传承公司核心价值观（以客户为中心，以奋斗者为本，长期持续艰苦奋斗） | | | | | | | | | | | | | | | |
| 绩效 | 持续高绩效：近两年绩效至少有一次在B+以上 | | | | | | | | | | | | | | | |

原因二：不够重视干部培养。虽然企业家知道培养干部的重要性，但很明显大都停留在嘴上，在行为上真正重视的寥寥，特别是在业务繁忙、资源紧张的情况下，更不会将很多精力投入在干部培养上。而培养效果的低劣又加剧了企业家对干部培养的不重视，从而导致干部培养陷入恶性循环。

很多企业会放弃干部培养，选择直接从外部挖猎。但事实又证明，由于中小企业资源相对有限，缺乏对空降干部系统培训和支持，对空降干部适应性和独立性的要求更高，导致中小企业空降干部的"存活率"较大型成熟企业更低，短期内难以建立对企业的认同度和忠诚度，最终能留下来的干部少之又少。

对于一家致力于长期可持续发展的企业来说，在干部的供给上最终要实现以自我造血为主，外部引入为辅，企业要着力打造自己的"子弟兵"和"近卫军"，从而保证干部队伍在文化、知识、经验等方面的有效传承，所以干部培养的问题即使再难，也必须解决。

## 痛点七：空降干部"存活"难

很多企业都会通过空降干部来解决干部短缺的问题，但据权威机构的统计，中国企业中高层空降干部"存活"时间超过两年的概率只有11%，"存活率"相当低。空降干部难以融入企业原有的干部队伍，达不到预期的效果，有劲儿使不出，最终失败退出，这是让很多中国企业家都头痛不已的问题。

为了给企业注入活力和新的思维，填补干部人才缺口，引入新的能力，提高团队的多样性，推动变革和创新，企业引入空降干部有其合理性和必要性。但如何为空降干部的"存活"提供沃土；如何为空降干部发挥能力提供条件。如何让空降干部和原有团队相互融合、相互协同，而不是互相拆台；如何真正实现引入空降干部的效果，这些问题确实值得深入思考和研究。

## 痛点八：干部能上不能下，能进不能出

随着业务的发展，很多企业元老担任着重要干部岗位，这些元老跟着老板一路打江山过来，也确实发挥过重要作用，是历史功臣。但这些干部中有些人逐渐无动力、没斗志、不作为，不学习，心态老化、思维板结，已经达不到组织发展的要求，自己升迁无望但还占着位子，年轻人晋升空间受限。如果纵容其继续留在干部队伍中，一方面会打击年轻干部的积极性和斗志，另一方面也会让干部队伍缺乏活力。

所以，让那些能力跟不上、素质跟不上、观念跟不上的老干部"友情退出"，把位置让出来，以加速新干部的提拔，优化干部队伍结构，是保证企业持续发展的关键。与此同时，如何让老干部心甘情愿培养新干部，发现和推荐新干部，不用担心"教会徒弟饿死师傅"，既承认老干部的价值，同时也能让老干部自发自愿地为企业发展让路；如何建立一套这样的退出机制保证他们的利益，规避退出过程中的风险，顺利实现新老干部的平稳交替，这些也是企业需解决的问题。

以上八大痛点是我们经过大量企业走访调研并与企业家、高管们交流得出的，而且是很多企业家的"切肤之痛"。本书介绍的干部管理体系和管理方法就是要回答和解决这八大痛点问题。

# 干部管理体系全景图

干部群体对企业发展的重要性不言而喻。企业实践中干部管理面临的痛点说明很多企业对干部管理这项重要工作并没有找到很好的理论、方法和工具。华为、美团、小米这些大公司已经有一些干部管理的实践，但其方法适不适用于中小规模的企业仍有待验证，为避免陷入"学我者生，似我者死"的尴尬境地，真正找到干部管理的底层逻辑才是根本。

经过大量的研究和企业实践，我们认为一个完整的干部管理体系应该包含三个部分：干部的使命与责任、干部的全生命周期管理、干部管理的组织保障，如图 1-7 所示。

图1-7　干部管理体系全景图

## 干部的使命与责任

"干部的使命与责任"是干部的立身之本，也是干部管理体系建设的目的。理解干部管理体系为何出发、找到干部的价值和意义、明确干部队伍应该担当的责任，这是干部管理的起点。因此干部管理体系建设的第一要义是明确干部的使命与责任，我们也称之为"共同纲领"。

从企业存在的意义来说，我们认为干部的使命就是帮助企业实现商业成功和永续经营，这也是干部存在的价值。真正合格的干部必须将企业的使命和愿景作为自己的抱负和信仰，并矢志不渝地通过持续不断努力去实现它们。

为了支撑使命的实现，干部需要承担以下三大责任。

（1）打胜仗：敢打仗、能打仗和打胜仗是干部生命力的体现，它是所有责任考量中的最高优先级，干部就是要勇于承担责任，能干事并赢得胜利。其他责任即使履行得再好，但如果没有业绩，也不是"合格干部"。

（2）打造高绩效团队：干部要能够通过人才选拔、任用、考核和激励等手段打造高绩效团队，为企业培养和输送人才，创造持续的业绩输出。

（3）建设组织能力：干部还要搭建组织架构和流程，践行和传承企业文化，塑造良好的组织氛围，从而为企业商业模式的成功和员工的价值创造提供优良的组织环境。

基于此，干部管理体系的建立就是要为干部使命与责任的充分履行保驾护航，其最核心且最重要的产出就是为组织源源不断地培养和输送高效履责的合格干部，干部管理体系运作的最佳状态就是实现企业家们常挂嘴边的"良将如潮，英雄辈出"。企业只有拥有的"良将"越多，干部责任的履行才能越出色，进而就能持续支撑企业使命和愿景的实现。

## 干部的全生命周期管理

在干部队伍建设共同纲领的指导下，干部管理具体动作应该遵从全生命周期管理原则，按照干部队伍的选、用、育、留、汰的基本逻辑进行设计，主要分为干部选拔、干部任用、干部培养、干部激励以及干部退出这五个环节。

### 干部选拔

干部管理的核心和基础是干部选拔，干部选拔的质量直接决定后续干部任用、干部培养、干部激励、干部退出等干部管理工作的效率和价值。可以说，干部选拔是干部全生命周期管理中最重要的环节。

一般干部选拔包括干部标准、干部评价和干部盘点三部分内容，干部选拔的关键在于制定干部标准。

什么是干部标准？干部标准就是一家企业对其干部队伍的核心要求与期望，说白了就是企业希望合格的干部是怎样的一个人，具备什么样的素质与能力。一个完整的干部标准必须让企业所有员工清晰地了解企业用人的导向。

中小企业须结合企业管理需要和人才储备情况灵活地制定干部标准，需要提醒企业注意的是，能力标准要求越多，代表企业对干部的要求也就越高，可选拔候选人的范围就越小，甚至很多企业除素质与能力外，还会增加其他选拔的条件。比如华为干部选拔14条标准，除素质与能力，还包括经验、业绩、品德、优先条件等。

### 华为干部选拔14条标准

（1）从有成功实践经验的人中选拔干部。

（2）提拔干部必须拥有基层业务经验。

（3）机关干部必须到海外去锻炼。

（4）赛马文化，选拔干部要重实绩，竞争择优。

（5）在英勇善战、不畏工作艰苦的员工中选拔后备干部。

（6）优先从成功团队中选拔干部。

（7）优先从主攻战场、一线和艰苦地区选拔干部。

（8）选拔干部第一选的是干劲儿。

（9）以全球化的视野选拔干部。

（10）优先从关键事件中考察和选拔干部。

（11）挑选优点突出、能"带兵"的人担任各级一把手。

（12）对优秀干部要敢于破格提拔。

（13）品德与作风是干部的资格底线。

（14）"茶壶里的饺子"，我们是不承认的。

在干部标准中，对于干部选拔最重要的标准，相对最客观的就是业绩条件，"达成业绩"是干部生命力的体现，"茶壶里的饺子"一定要倒得出来才可以。而其他标准的设置也一定要导向干部能"达成业绩"，干部标准的本质就是要支撑"达成业绩"，否则干部标准制定得再好，也只是花拳绣腿，中看不中用。

干部标准不仅是干部选拔的核心，而且是干部管理体系的基础，关乎干部管理的全流程。比如，企业可以运用干部标准制定评估方法，对干部进行更全面客观的评价，指导干部的外部招聘和内部选拔；企业可以设置合理的培养课程和项目提升干部能力；企业也可以牵引干部理解和对齐企业的要求和期望，促进干部队伍持续发展，以匹配业务战略的需要，等等。企业必须非常重视干部标准的制定，以实现干部标准与企业发展高度匹配。随着企业的发展，干部标准可以不断迭代和完善，从而实现干部队伍能力要求的不断提高，避免干部惰怠。

### 干部任用

为保持干部的危机和竞争意识，确保干部能上能下、能进能出，促进干部在任职期间努力工作，最大程度地发挥其主动性和积极性，克服官僚主义，干部的任用一定要从"终身制"走向"任期制"。

在任期制下，干部的任用一般包括干部配置、干部任用和任用评价三个环节。在业务发展规划指导下，企业需要按照一定的配置原则（比如关键岗位饱和配置、基层岗位不虚位以待等）将既定数量、质量和结构的干部安排到位，以确保企业战略目标的达成，同时兼顾人工成本、人才培养等。

在干部的任用过程中，每个干部特点不一，需求也不同，所以如何任用干部（比如华为的"疑人不用、用人不疑""狼狈组合"等）才能最大程度地发挥每个在任干部的价值创造潜力和能动性，帮助企业达成目标，则是每个企业都必须考虑的问题。

任用评价是对干部在任期内的履职能力和结果进行综合评定，以确定干部合格、优秀与否，为后续的培养、激励和退出提供参考依据，评价手段一般包括绩效考评、人才盘点、任职资格评价和述职等形式，企业可以量体裁衣，但评价务必做到及时且全面、公正且客观，以使后续的评价结果应用更加准确。

### 干部培养

企业要可持续地健康发展，最终都要走到干部队伍主要靠企业自我培养、自我造血的阶段，比如华为90%以上的干部来自内部培养。如何高效培养干部是干部管理体系的一个重要环节。

干部培养环节主要包括现有干部培养、资源池建立以及干部继任计划三个环节。

在现有干部培养方面，可以针对各类型的干部设计专项能力发展的培养路线图；内部实行导师制；组织项目制运作的干部训战营；结合工作实践中的轮岗、挑战性工作任务的设置，提升干部队伍的综合管理能力。

为了解决干部人才断档、不胜任干部无人可替、新业务板块无人可用等干部短缺问题，打造出真正坚实有保障的干部人才供应链，后备干部资源池必须逐步建立起来。建立后备干部资源池的本质是建立一套动态的、例行化运作的后备干部选拔、考察、培养、淘汰、使用的管理机制，后备干部在资源池中要么进步、要么被淘汰，没有第三个选择。

尽早识别继任人选并针对性实施继任计划，提前让继任者去经历下一个岗位会经历的事，等到时机成熟，成功且及时胜任空缺岗位，可以保证组织干部队伍的连续性，满足业务持续发展的需求。

### 干部激励

现代管理理论之父巴纳德说，组织的动力来源于人才的能力和意愿。如果解决了干部的能力问题，那意愿问题就是重点，甚至有时意愿能帮助能力提升。而干部激励环节的重点就是解决干部的意愿问题。

企业对干部的激励，一方面要能够帮助企业可持续增长，助力企业发展，另一方面要能够刺激干部持续地奋斗和冲锋。

　　基于此，对干部这一关键群体，选择什么样的激励工具、秉持什么样的激励原则将直接影响企业上述两方面需求的满足。经我们研究总结，基于干部激励靶向原则，伟大的使命、饱和的薪酬激励、长期绑定的股权和最佳的工作环境这四大手段是对干部最有效的激励方式。当然，如何能在让干部满意的同时，又能确保组织目标的实现，这就是科学分钱的艺术了。

　　不过，无论干部激励体系如何设计，其背后的核心逻辑和本质都是打造出高激励—高人才—高绩效的干部激励飞轮（见图1-8），从而驱动企业可持续健康发展。

图1-8　干部激励飞轮

## 干部退出

　　我们发现，只进不出、能上不能下是当前企业干部任用中的普遍现象。这一现象不仅对企业可持续发展构成了威胁，还给新一代领导者的崭露头角带来了挑战。为了实现干部群体良好的新陈代谢，激发内部良性竞争和危机意识，企业必须建立干部退出机制。

　　为了更好地实现干部顺利退出，降低退出风险，我们研究总结出了两种干部退出途径（退出岗位和退出企业）和八种退出方式（见第 6 章），供企业根据实际情况灵活选用。为保障干部退出的有序开展，企业也必须建立起良好的配套机制，从而实现干部退出的常态化。

## 干部管理的组织保障

干部群体如此重要，可以说它是企业最重要的也是第一战略资源。既然是战略资源，那企业就应该进行统一调配、统一管理。

什么是统一调配和统一管理？我们认为有两层意思：

（1）设置专职的机构或部门负责所有干部的管理工作。

（2）企业家是第一责任人，所以应该责无旁贷，直线管理。

明确了干部管理责任主体，设立了干部管理机构和职能，干部管理体系才能从 0 到 1 逐渐建立起来，它们是干部管理功能发挥的组织保障。

华为成立"总干部部"，阿里巴巴和小米设立"组织部"，都是为了强化干部管理条线。专门的干部管理机构肯定有助于干部管理功能的发挥，不过不是所有企业都适合和有必要成立专门的干部管理机构，有时候强化人力资源部干部管理的职责同样可以满足企业干部管理的需要。

有的企业干部管理没有做好，并不是因为没有干部管理机构或没有明确干部管理职责，最关键的原因还是企业家本人的意识和领导力不足：一方面，认识不到干部管理的重要性，不将其作为企业头等大事去对待；另一方面，自身能力确实有短板，不会管，也管不好。所以，要打造干部管理体系，追究到源头，首先企业家自己的意识和能力要不断提升，再借助干部管理机构和其他领导者，方能打开干部管理的新局面。

　　以上就是我们研究总结的干部管理体系全景图的内容，相信企业都能看出来，干部管理体系是一个复杂系统，包括很多子环节和子体系，而且各个环节、体系环环相扣、紧密联系。按照这个系统打造出的干部管理体系一定能解决企业当前面临的干部管理痛点，具体每个部分、每个环节、每个子系统如何打造，有哪些原则和方法，运用什么样的工具和方法，且听我们慢慢道来。

# 第2章

# 干部标准的本质是胜利

美国南北战争时，林肯总统任命格兰特将军为北方军的总司令。当时有人劝诫林肯总统，格兰特嗜酒贪杯，难当大任。林肯却说："如果我知道他喜欢什么酒，我倒应该送他几桶，让大家共享。"林肯总统并不是不知道酗酒可能误事，但他更知道在北方军诸将领中，只有格兰特能够运筹帷幄，决胜千里。后来的事实证明了，格兰特将军的任命正是南北战争的转折点。这是一个有效的任命，因为林肯以"取得战役胜利"为标准来选择将军，而不求其没有缺点，是个完人。

这种"不拘一格降人才"的现象也不乏在企业管理中出现，我们经常听到用人要用人所长，但不是任何短板都可以被无视。那到底哪些标准应该坚持，哪些标准可以适度放宽，这就涉及干部的选拔到底应该坚持什么样的标准。

# 干部的三大责任

干部管理的核心是干部选拔，而干部选拔的关键是干部标准。不仅如此，干部标准更是干部管理的基础，关乎干部管理的全流程，它为干部选拔、干部任用、干部培养、干部激励等工作提供方向和目标，支撑干部管理政策和策略的制定以及干部管理流程的运行和解决方案的开展，牵引干部队伍匹配业务战略的需求。

每个人心中都有一个干部的标准，很多企业家会走入林肯同僚的误区，要么对干部追求完美，要么关注的重点与干部要履行的责任之间没有必然联系，从而导致选人失误。对于格兰特将军的任命，如果不是林肯始终聚焦在"取得战役胜利"上，南北战争的结局可能会改变，影响美国的国家命运。

因此，干部标准必须与要解决的问题相匹配。在思考干部的标准是什么的时候，要从企业的追求说起，从企业的追求中去找到干部的使命与责任，或者换句通俗的话说，了解企业到底需要干部做什么。

华为将干部的使命明确为，以文化和价值观为核心，管理价值创造、价值评价和价值分配，带领团队持续为客户创造价值，实现公司商业成功和长期生存。

虽然每个企业都有各自的追求和经营哲学，但概括起来，干部的使命就是帮助企业实现"商业成功和永续经营"，这是所有企业追求的本质共同点，也是干部存在的价值。

所谓"商业成功"，就是实现企业的使命和愿景，而"永续经营"是在当下这个充满不确定性的时代，企业实现使命和愿景的必要条件。

没有这个基础目标，企业其他维度价值的实现都无从谈起。

　　真正合格的干部必须将企业的使命和愿景作为自己的使命和抱负，并矢志不渝地通过持续不断的努力去实现它，而其底线目标就是帮助企业"活下去"，实现"永续经营"。一个组织有没有未来，关键就看干部有没有使命感，有没有将个人使命与企业使命相融合。

　　下面详述为了支撑使命的实现，合格的干部需要承担起的三大责任（见图2-1）。

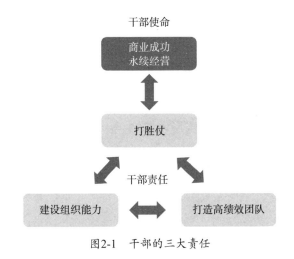

图2-1　干部的三大责任

### 打胜仗是唯一信仰

　　企业的经营活动是由一场场商业战役构成的，拿下某个客户，攻进一个市场，研发出一款产品，建设强大的组织，等等。如果企业不能赢得这一场场战役的胜利，何谈"活下去、活得久、活得强"？为了让企业"活下去"，且"活得久、活得强"，企业必须要去赢得一场又一场战役的胜利。企业所要做的就是，让打胜仗的思想成为一种信仰。

　　所以，干部的第一项，可能也是最重要的一项责任就是打胜仗。干部一定是企业打胜仗的关键群体，是关键少数中的关键少数，是各个专业领域内每场战役的主将和指挥官。他们需要保持视野开阔性，关注企业全局的战略胜利；他们要关注企业的长期利益，帮助企业持续地"活下去"；他们的所有工作活动，都要围绕如何帮助企业打胜仗来展开。

　　打胜仗就是干部生命力的体现，它是所有责任考量中的最高优先级。干部就是要勇于承担责任，能干事并赢得胜利，对结果负责。如果没有业绩、没有胜利，其他责任即使履行得再好，也不能称其为"合格的干部"，企业也不可能长久地"活下去"。为了胜利，企业要打造出一支强大的干部队伍，并让打胜仗成为干部的唯一信仰。

## 余承东带领华为消费者业务逆境重生

　　华为从 2003 年就布局了手机业务，但在 2009 年任正非曾考虑整体出售手机业务，原因是该业务一直不见起色，在品牌价值和利润方面都不尽人意。2011 年 8 月，第一款小米智能机的发布在国内掀起了一场国产手机创业浪潮，在趋势已经越发明朗的情况下，华为自然也想加入。但任正非连换 3 任总裁，华为的手机业务仍然不见起色。无奈之下，任正非将余承东从欧洲调回。2011 年秋，余承东的正式接手成为华为手机业务的拐点。

　　余承东刚接手手机业务时，内心近乎绝望。手机业务对他而言是个生疏的领域，而且当时这块业务处境不佳，没人重视。余承东主动出击，首先砍掉每年 3000 万台低端贴牌手机业务，第一次提出来要研制中高端华为自有品牌，确立了硬件世界第一的目标。

这个新战略在初期就受到重挫，2012年和2013年初推出的两款自研手机销售惨淡，遭到合作运营商的纷纷抵制，华为终端内部的元老甚至发起"倒余运动"。关键时刻是任正非一锤定音，不支持余承东的工作，就是不支持我。转折出现在2013年6月，华为P6手机正式发布，一举斩获销量400万台。2014年9月，华为对外推出了mate 7旗舰手机，最终斩获超过700万台销量，华为手机传奇自此拉开帷幕。

余承东在内部经常说"华为要在三年内干掉苹果，五年干掉三星""未来五年只有两三家厂商能存活，而华为就是其中之一"，等等。可是没有人相信，大家送他一个绰号——"余大嘴"。

而五年后，余承东给出了一份答卷：华为手机占据全球前三的位置，成为国产手机的代表。2019年，华为挤掉苹果，以全球将近2.4亿台的销量，成为世界第二。

### 打造高绩效团队

"山高人为峰"，任何事业的成功靠的绝对不是一个人，而是一群人。要实现伟大的使命和愿景，企业需要的是一个伟大的团队、一个胜利之师。只有让所有员工在共同的使命和愿景的感召下汇聚在一起，形成共同的目标和方向，凝聚团队合力，各司其职，发挥所长，才能更高效地实现企业的使命与愿景。

因此，干部的第二项关键责任就是打造高绩效团队。哈佛大学组织和社会心理学教授理查德·哈克曼在《高效团队：领导团队走向成功的5大黄金法则》一书中指出，高绩效团队的衡量标准有三个：一是达成卓越的团队绩效；二是团队成长；三是团队个人不断成长。

干部要通过设立共同目标、选拔人才、考核激励、分工协作等领导手段去带领团队完成业绩目标，与此同时还要鼓励和培养团队成员不断学习和创新，保持对新知识和新技能的追求，促进团队的持续发展，在创造持续的业绩输出的同时，为企业不断输送人才。

### 把能力建在组织上

为了让企业长久持续地"活下去，并且活得好"，更为重要的是，企业要摆脱对"个人胜利"的依赖。企业追求的胜利，不是个人的、一时的胜利，而是组织的、持续的胜利。人是非稳态的，而组织是相对稳态的，好的组织一定是不论人才如何调整，组织系统都能正常运转，需要人但不依赖人。

因此，每一任干部都要持续优化组织体系建设，不断完善内部的组织流程、文化等，建立一套能够支撑企业持续胜利的管理体系，把能力建在组织之上，打造出强大的组织能力，使胜利成为一种习惯，使胜利成为一种组织的惯性，这是所有企业做大做强、做优做久的必由之路。图 2-2 为华为在组织能力建设上的持续投入。

组织能力就是依靠既定的组织模式及分工合作方式将不同的人整合到一起，实现组织的战略协同与合作；依靠组织机制与制度去规范和激活人的价值创造；依靠组织流程与组织文化去牵引、凝聚和约束组织成员朝着共同目标努力。组织的运行不以人的意志为转移，而以组织的使命为信仰。

因此，企业干部的第三项责任就是要从"敲钟报时者"转变为"造钟者"，为组织加冕，致力于组织机制与组织能力的建设。

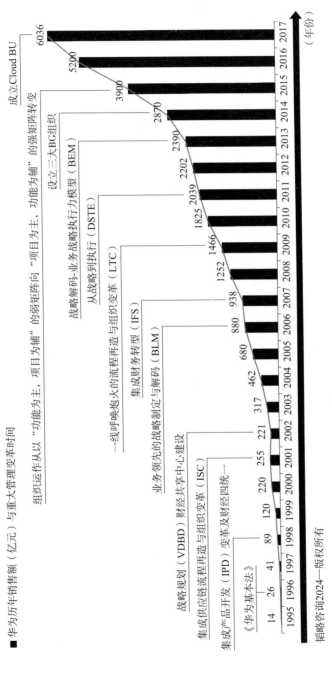

图2-2　华为在组织能力建设上的持续投入

■ 华为历年年销售额（亿元）与重大管理变革时间

成立Cloud BU

组织运作从以"功能为主，项目为辅"的弱矩阵向"项目为主，功能为辅"的强矩阵转变

设立三大BG组织

战略解码-业务战略执行力模型（BEM）

从战略到执行（DSTE）

一线呼唤炮火的流程再造与组织变革（LTC）

集成财务转型（IFS）

业务领先的战略制定与解码（BLM）

一线呼唤炮火的流程再造与组织变革（LTC）

战略规划（VDBD）财经共享中心建设

集成供应链流程再造与组织变革（ISC）财经四统一

集成产品开发（IPD）变革及财经四统一

《华为基本法》

# 干部标准胜利模型

组织行为学的观点认为，素质决定行为，行为决定结果。企业希望干部履行的使命与责任即干部需要达成的结果，要达成好结果，一定需要干部具备某些特质与能力，这些特质与能力的集合就是干部标准。

## 干部标准要导向胜利

干部标准是一个企业对干部队伍的核心要求和期望，说白了就是具备什么样素质和能力的干部能带来企业最想要的结果——"打胜仗"。总体来说，干部标准一般包括基本条件、业绩条件、价值观和特质条件以及能力条件这四类。

（1）基本条件一般包括学历、专业、经验、年龄等。

（2）业绩条件主要是指过往的绩效成绩、重要贡献。

（3）价值观和特质条件是指品德、个性以及与企业使命、愿景、价值观的匹配程度。

（4）能力条件是指干部必须掌握的比如专业能力、团队管理等方面的能力。华为四力（见图2-3）、阿里巴巴"三板斧"（见图2-4）都属此范畴。

上述四类条件中，基本条件和业绩条件是从过去视角证明干部有能力打胜仗；价值观和特质条件与能力条件是从未来视角证明干部有能力打胜仗。

过去能打胜仗并不代表未来也能打胜仗，但通过业绩条件这个相对客观的标准，至少可以帮助企业筛掉一些能力、努力程度、聪明程

度不够好的人。此外，选拔业绩不佳的人做干部，也不能服众。因此，
业绩条件往往作为筛选和晋升干部的门槛。

图2-3　华为四力

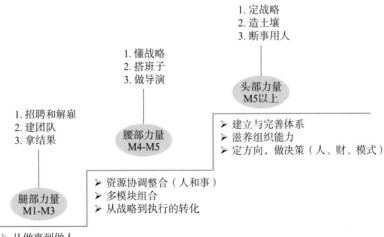

图2-4　阿里巴巴"三板斧"

干部标准中最关键的是价值观和特质条件与能力条件这两类，企业在选拔干部时，最关键、最重要的就是考察价值观、特质和能力要素，这些直接决定干部持续打胜仗的能力，如图2-5所示。只要干部在这两类条件上符合胜任标准，未来大概率能表现出色。当然，前提是这两类条件的设置一定要导向能"打胜仗"，否则干部标准制定得再好，也是花拳绣腿，中看不中用，选拔出来的干部能力必然与"打胜仗"相差甚远。

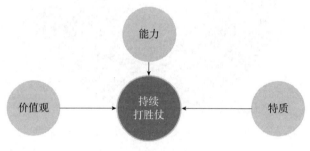

图2-5　干部标准关键要素

经我们研究，能践行使命、履行责任、打胜仗的干部，其典型特征是价值认同、作风优良、能力胜任，具体体现为干部标准胜利模型（见图2-6）。

价值认同是对干部的底线要求。一个对企业使命、愿景和价值观不认同的干部不可能为企业的事业持续奋斗，而且风险性和危害性很大。越高层的干部，越要考察其与企业价值观的一致性，不一致的干部坚决不能任用。

作风优良是对干部的个性特质要求，主要包括求胜、利他、好学三大特质。求胜体现的是对待任务的精神，利他体现的是对待他人的原则，好学体现的是持续精进和发展自我的态度。

图2-6 干部标准胜利模型

能力胜任基于干部的三大责任，基于打胜仗、持续打胜仗。管理干部的三大能力，包括让组织拿到好结果的能力——"摘果子"，让队伍持续成长的能力——"建队伍"，让组织持续升级的能力——"优土壤"。

### 业绩条件是门槛

干部既是选出来的，更是打出来的。只有过往业绩好的人才能被选拔为干部，担任干部这一重要角色才更可能成功。作为最硬性和最客观的证明条件，业绩条件就像一张过滤网，能够自然筛选出那些工作能力强、敢拼敢干的人。一时业绩好可能有运气成分，但持续业绩好就是有能力的最好证明。

所以在干部标准中，把业绩条件作为选拔干部、评价干部的门槛，就是让持续有优秀绩效的人优先获得提拔、晋升，建立用结果说话、打胜仗的用人导向。把干部干了什么事、干成了多少事、干事效果好不好作为评价、任用的重要依据。让那些办实事、求实效的干部受到鼓励、褒奖和重用；让那些表态多、调门高，行动少、落实差，搞形式主义的干部不仅得不到好处，还要受到批评和惩处，形成能者上、优者奖、庸者下、劣者汰的管理机制。

不过，业绩好不仅是 KPI 得分高，也不是一次表现得好，而是真正做出了对企业、组织有含金量的贡献，特别是在关键战役战斗中取得成绩。好业绩也不是短期"涸泽而渔"带来的业绩，而是能经得起检验，为企业的长期利益和价值做出贡献。所以，在干部选拔中，业绩条件按难度递进设置一般有下述三种。

业绩门槛一：个人所属组织和团队绩效持续优秀

业绩门槛二：个人绩效持续优秀

业绩门槛三：在重点任务、关键战役战斗中个人业绩持续优秀

通过这三道门槛或其中两道门槛筛选出来的人才就具备了成为一名能"打胜仗"干部的基础。

## 价值观一致是底线

价值观是一个企业成功达成使命、愿景的关键，也是企业的立司根本和员工信条，只有认同企业价值观（有时也包括具有廉洁、诚信等品德）的干部才能真正创造价值，并帮助企业走向胜利，故称之为"同路人"。

"价值观一致"是指干部对企业使命、愿景、价值观的理解、认同、相信和践行，是干部为企业创造价值的前提。企业价值观认同度高的干部会对企业具有高度的使命感、责任感和认同感，会严格践行企业的经营理念，遵守和维护企业的行为准则和规范。如果干部不认

同企业的价值观，那即使干部的能力再强，潜力再大，也不可能真正为企业持续创造价值，甚至反而会给企业带来巨大的破坏。

华为轮值董事长徐直军曾说，华为必须建立和培养一支具有良好的品德，具有使命感，对工作、对事业持续充满热情，能自我批判和对公司忠诚的干部队伍。因为干部只有具有使命感，才能在任何岗位上都追求成功和进步，并且不断改进，才能不计较个人得失；只有具有良好的品德并且对公司忠诚，才能在不断成长中为公司做出贡献，否则担负的责任越大，也许对公司造成的破坏越大。

因此，价值观一致一定是干部任用的底线，也是干部在企业取得成功的基础，不可突破。干部一旦出现违背企业价值观的行为，企业一般是零容忍，轻则降职降薪，重则免职开除，这类干部企业应慎用。

每个企业应澄清并梳理企业的使命、愿景和价值观，我们收集查阅了关于企业家 / 管理干部价值观内涵的调研报告（见表2-1），发现全球，包括中国企业对于管理干部的价值观要求有很多共性，比如诚信、责任、创新等。

表2-1　企业家/管理干部价值观内涵调研

| 企业家/管理干部价值观内涵 | 报告名称 | 调研来源 |
|---|---|---|
| 诚实守信、责任担当、创新求变、追求卓越 | 《2022中国企业家调查报告》 | 中国企业联合会、中国企业家协会发布 |
| 诚信、责任、可持续发展 | 《2022全球CEO调查》 | 埃森哲发布 |
| 诚信、责任、创新、合作 | 《2022全球高管调查》 | 德勤发布 |
| 诚实守信、责任担当、服务人民、追求卓越 | 《2023中国国有企业管理干部价值观调查报告》 | 国资委和中国人民大学商学院联合发布 |
| 诚实守信、依法经营、承担社会责任 | 《2022年中国企业家社会责任调查报告》 | 中国人民大学国家发展与战略研究院发布 |

围绕价值观一致，企业要将干部的价值观要求明确化、具体化，并通过考核激励、奖优罚劣、文化宣言、企业文化活动等多种形式塑造和强化企业的价值导向。比如，华为通过干部宣誓的方式强调公司价值导向；阿里巴巴设置"闻味官"，从招聘选人环节就开始把控干部与企业价值观相符程度，甚至通过定期考核来审视员工与企业价值观的契合程度。

## 三大特质是底层逻辑

为什么有些干部干得出色，能够持续地成功，而有些干部则如昙花一现，难以持续地做出贡献？我们研究发现其底层逻辑是特质存在差异。表现出色的干部身上具备成功的基因，特别是具备以下三项特质的干部有更大的概率帮助企业打胜仗；相反，不胜任的干部在特质上总是有缺陷。

### 求胜

打胜仗，首先要有必胜的信念，敢打仗、能打仗。金一南教授说：战胜对手有两次，第一次在内心中，气盛；第二次在战场上。

作为干部，要坚定求胜的决心，坚定胜利思维，对既定的一切工作都必须要有执行到位的意识，要建立起一种工作方法和机制，确保企业的任何命令都能执行到底。有求胜意志的管理干部，即使在至暗时刻，也能看到胜利的一丝微光，也敢于向着这一丝微光前进。他们有强大的自驱力，想挑战未知，想打仗。他们认为失败不可怕，可怕的是从来不曾尝试过。

如果没有求胜意志，干部就不会有远方灯塔的指引，能看到的只有眼前的困难，所有的荆棘带来的阻碍都会被放大数倍，很容易让人懈怠、放弃。

任正非说："除了胜利，我们已经无路可走。"

克劳塞维茨则提出优秀将领都具备"干劲、坚强、顽强、刚强和坚定"五个特点。

这就是求胜特质（行为描述如表2-2所示）。即便在最黑暗、最失败、最无望的时刻，他们内心也有一面胜利的旗帜随风飘扬，勇敢地追求胜利，始终有"舍我其谁"的勇气和胆量。

表2-2　干部特质行为描述——求胜

| 干部特质 | 行为描述 |
| --- | --- |
| 求胜 | 拥有必胜的信念，不达目的不罢休 |
| | 凡事充分准备，提前沙盘模拟，预判风险并制订应对方案 |
| | 困难面前仍意志坚定、充满热情，能够克服障碍以达成挑战性的目标 |
| | 具有强烈的成就欲望，不满足现状，持续追求卓越并为之倾注全力 |
| | 勇于承担风险和责任，勇于接受挑战性的任务并高效达成 |

## 利他

稻盛和夫曾说："利己则生，利他则久。敬人者人恒敬之，爱人者人恒爱之。"大意是说，让自己获利是生存的基本，让他人获利能长久地使自己处于受到他人帮助和敬仰的有利位置，从而活得更好、更久。

利己与利他是相辅相成、相得益彰的。通过研究成功的干部我们发现，每一个利己的目的通过利他行为能更好地达到，利己是满足利他之后自然而然的回报。

利他是维持合作效率和组织效率必不可少的要素。为了达成打胜仗这个目标，企业需要拧成一股绳，让各个专业类型的人员高效协同。利他型的干部具备全局意识，在业务拓展和执行过程中，充分考虑所有利益相关者的诉求；他们具有客户服务的意识，把客户价值放在首要位置上；他们具备长远的眼光，更愿意和他人友好协作，不会过于计较一时得失，在企业利益最大化的前提下互利共赢；他们是以身作则的典范，要求别人做到的事情自己先做到。

只有具有利他特质（行为描述如表2-3所示）的干部才能为了目标的达成和组织的成功做出最正确的行为和选择。同时，这类干部也能获得更多的回报从而更有利于达成业绩目标。

表2-3　干部特质行为描述——利他

| 干部特质 | 行为描述 |
| --- | --- |
| 利他 | 注重团队和他人利益，不因个人利益或短期利益损害组织或他人长期利益 |
| | 认同团队的目标，主动分享信息、经验和资源等，能以实际行动支持团队工作 |
| | 尊重他人，换位思考，主动为客户或他人着想，并为此付出实际行动 |
| | 出现问题时，专注于解决问题，而非指责 |
| | 主动承担责任，不计较得失 |

## 好学

好学的干部自我认知更加清晰，也知道自己不可能完美，能接受自己的不完美，愿意和他人互相协作；他们虚心开放，有足够宽广的胸怀，能够以开放的心态接受反馈，听得进不同的意见，能包容与自己不同的能人；他们会主动自我复盘，主动"照镜子"，自我批判，并不断从复盘和反馈中总结成长。

好学的干部会研究失败，包括自我的失败、团队的失败、组织及企业的失败，并从失败走向胜利。美国的军事学者贝文·亚历山大说："对高明将帅如何决胜的理解，是从认识平庸将帅何以不胜开始的。"军事教育中非常重要的一课是败战，它教的绝对不是从胜利走向胜利，而是从失败走向胜利，并且是多次从失败走向胜利。

好学的干部是打造学习型组织的关键。他们具备成长型思维，探索创新，包容失败，与时俱进，终身学习。

当干部们具备这样的好学特质（行为描述如表2-4所示）时，企业就有望打造一个个不断追求进步的个体、一个不断追求进步的团队、一个不断追求进步的组织，从而持续地走向成功。

表2-4 干部特质行为描述——好学

| 干部特质 | 行为描述 |
| --- | --- |
| 好学 | 不定期回顾自己的工作，敢于否定自己，反思需要改进之处 |
| | 主动寻求他人的反馈，认清自我，了解自身存在的短板和不足 |
| | 持续学习，快速掌握新领域的专业知识 |
| | 能够将所学快速运用到实际工作中，举一反三，并取得成果 |
| | 好奇心强，善于创新，喜欢解决新问题，能够迅速驾驭复杂问题 |

## 三大能力是关键因素

干部的能力要求来源于干部的三大核心责任。我们研究发现，有三大能力是干部持续产生高绩效的关键，为了便于企业应用，我们又将干部的三大能力拆分为九个细分能力领域，如图2-7所示。

图2-7  干部三大能力

## 摘果子

干部首先要用绩效说话，没有绩效产出和业绩贡献的管理都是耍流氓。干部的贡献体现为为企业摘了多少"果子"。

"摘果子"是干部最需要具备的基础能力。"摘果子"能力体现在两方面，一方面是直接的绩效产出，对于前台干部，直接的绩效产出就是销售额、利润、成本优化、老客户续签等；对于中后台干部，直接的绩效产出就是团队绩效的达成。另一方面，"摘果子"的能力还体现为"多种树"的能力，比如重点客户的新突破、新产品开发上市、更多新客户开发等，这些动作当前可能不直接产生或产生较小的业绩产出，但是对长期有果子可摘能产生直接决定性作用。

为了达成绩效、摘到果子，干部需要具备三项子能力：有专业、做规划、盯执行。

干部的基础能力是专业能力，也可称为业务能力。干部要产出绩效，具备一定的专业能力或懂业务是基础，它对干部的高效决策、领导力发挥、团队管理等有非常重要的支撑作用，可以说，没有专业能力就做不好管理。很难想象一个不懂技术的人可以管好研发，一个不懂制造的人可以管好生产。可能有这样的干部，但绝对是小概率和少数。

除此以外，做规划和盯执行也是摘到果子的关键能力。这两项能力往大了说是战略管理能力，往小了说是目标管理能力。这两项能力可以让干部把事情想清楚、说明白并且做到位，其中就包括（战略）洞察、（战略）目标制定、（战略）目标解码以及目标闭环管理等能力（见图2-8）。

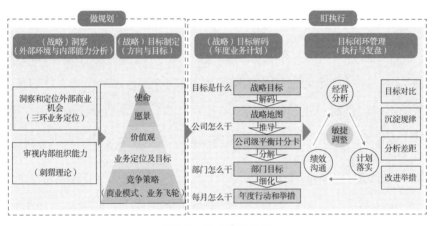

图2-8　战略管理体系

## 建队伍

正如前文所说，要打胜仗，靠光杆司令肯定不行。干部需要一个团队，一个人才济济、能打胜仗的团队。所以作为干部，需要具备的第二项能力是搭建一个"人才涌现"的团队，特别是能够结合企业战略需要，提前规划和持续优化人才队伍结构，达到事得其人、人事相宜、人尽其才的效果。

要带出一支能打胜仗的队伍，干部需要做到以下三个方面。

精选人：人员识别是否准确？任用是否合理？优秀的干部能清晰识别团队成员的优劣势，通过岗位安排和目标设置发挥员工优势，激发个人潜力。干部要关注"人才绿化率"（人才盘点结果为胜任及以上的人数占比），优秀的团队至少要达到80%。

培养人：人员能力和团队能力有没有提升？梯队建设得怎么样？优秀的干部心胸开阔，会创造各种机会和空间锻炼、培养下属。通过教练辅导和绩效反馈不断提升下属和团队的能力，不仅自己团队人才成长快，精兵强将多，人才梯队完善，还能不断为企业其他部门和岗位输送人才。

激励人：人员动力和敬业度怎么样？优秀的干部掌握丰富多元的激励手段，针对差异化的个体选择合理的激励方式，点燃员工工作热情。激励不仅仅是简单粗暴的加薪、给福利，更重要的是能善用使命、愿景、工作意义、职业成长等非物质激励的方式激发员工持续追求卓越。

## 优土壤

华为轮值董事长孟晚舟曾在一次华为年度业绩发布会上说："华为全球业务实现稳健增长的根本原因有两点。一是'以客户为中心，以奋斗者为本，长期坚持艰苦奋斗'的核心价值观文化建设；二是不断在内部推进管理和组织变革，提高效率，激活组织。"华为的长期顾问彭剑锋教授将华为不断地管理升级称为持续打造"奋斗者乐园"，激励奋斗者持续创造高绩效。

对企业来说，干部如果能打造出更有利于价值创造的组织环境和氛围，不仅能增强企业的组织能力，还能激发员工积极奋斗。土壤肥沃了，收成自然就好，我们把这项能力称为"优土壤"。

优土壤也包括三个细分能力——建文化、搭架构、优流程，从软件和硬件两方面改善土壤条件。

约翰·P.科特和詹姆斯·L.赫斯克特在《企业文化与经营业绩》一书中的一项长达11年的跟踪结果显示（见表2-5），重视企业文化的企业与不重视企业文化的企业，在经营业绩上表现出明显的差异。重视企业文化的企业在总收入平均增长、企业员工增长、企业股票价格增长、企业净收入增长等维度上均大幅度好于不重视企业文化的企业。

表2-5 企业文化对企业长期经营业绩的重大推动作用

| | 重视企业文化的企业 | 不重视企业文化的企业 |
|---|---|---|
| 总收入平均增长 | 682% | 166% |
| 企业员工增长 | 282% | 36% |
| 企业股票价格增长 | 901% | 74% |
| 企业净收入增长 | 756% | 仅为1% |

干部重视并建设企业文化，不仅要能明确、清晰地理解和解读企业的文化内涵，知道提倡什么、反对什么，以身作则，做好表率；更要做好文化的塑造和传播，坚决捍卫企业文化，及时制止有违企业文化的行为，这是基础能力。

更为重要的是，建文化的核心应该是打造出"高绩效文化"——凡事追求卓越，业绩结果导向，高绩效强激励，低绩效严惩罚，并伴随高标准选才和人员的强淘汰，营造出一片奋斗者的乐土。这样才能导向高业绩，服务于打胜仗。

搭架构、优流程的本质，就是通过调整生产关系来释放生产力，不断提升组织运作效率，从而促进业绩结果的改善。干部不仅要能搭设合理的团队架构，掌握流程优化的方法，更好地解决团队成员分工和协作问题，实现企业资源的优化配置；还要善于发现问题，持续总结、沉淀和固化企业的最佳实践，把成功经验和先进方法更新到流程体系中去，提高成功的可复制性。

### 基础条件是加分项

很多企业也会将学历、经验、年龄等基础条件作为干部的选拔标准，这当然可以，但须结合企业管理需要和人才储备情况，并分三种情境进行设置。

大企业情境：如果企业规模大、管理要求高且复杂、干部数量和储备丰富，则上述基础条件可作为门槛进行设置。也就是说，只有达到一定的学历、经验和年龄条件的干部，才能跨过选拔门槛，能否任用还要评估价值观、特质和能力等。华为、阿里巴巴、美的等标杆企业皆是如此。

中小企业情境：如果企业规模不大、管理要求相对不高、干部数量有限，则上述基础条件可作为加分项进行设置。即学历、经验和年龄不作为门槛，在价值观、特质和能力等标准符合胜任的条件下，如果基础条件达到一定的要求，比如有战略性项目经验、在一线团队打胜仗的经验或者0到1的业务开拓经验等，则可加分优先任用。

组合差异使用情境：如果企业处于上述两种情境的中间状态，则可以对基础条件进行组合差异使用。比如，把年龄作为门槛，把学历、经验作为加分项，或者把经验作为门槛，把学历、年龄作为加分项，等等。这类企业可以视自己的管理需要和干部资源的禀赋灵活设置。但须提醒的是，该标准一旦设置完成，不可朝令夕改、变动频繁，否则会模糊企业的干部用人导向，于企业用人不利，于干部成长不利。

因为大企业管理要求高、干部储备丰富，所以设置门槛可以提高干部的选拔效率和干部上岗的成功率，节约机会成本和试错成本。而中小企业干部人才相对匮乏，所以加分项的设置可以加大干部选拔范围，更容易提拔干部人才，使高潜者能够脱颖而出。

不过，无论是大企业还是中小企业，能力标准要求越多，代表企业对干部的要求也就越高，可选拔干部的范围就越小。干部选拔标准的设置一定要遵循企业用人的成功规律，选拔条件只设否决性条件（即其他条件再好，此项不符合也不录用），不轻易增加更多条件，加大人才选拔基数，让企业的干部人才能够及时涌现，这样即使承担一些机会成本和试错成本也是值得的。

### 张一鸣：不能唯经验论

张一鸣曾公开怼过自己公司的 HR，因为招聘项目经理的职位描述有一条写的是：有五年以上互联网产品经验，具有日活千万量级以上的产品规划和产品迭代实施经验。

他对 HR 说："按照这个要求，陈林（曾任今日头条 CEO）、张楠（曾任抖音总裁），我们公司一大批项目经理，一个都进不来，连我自己都进不来。别说日活千万量级产品了，他们加入（字节）前，连百万甚至十万的产品也没做到过。"

## 干部人才盘点九宫格

有了干部标准胜利模型后，为便于对照干部标准进行干部选拔、任用评价和盘点，企业需要结合自己内部的管理要求对干部标准进行量化描述，特别是价值观和特质条件与能力条件这两类相对主观的标准。我们可以用"行为列举法"和"分级描述法"这两种常用的方法对干部通用的三大特质和三大行为能力进行行为描述（见表2-6），比如，对三大特质评分，每个特质对应五个标杆行为，将被评价对象的日常行为与每项标杆行为进行对比，做到得1分，没有做到得0分，三大特质合计满分为15分；对于三大能力评分，将被评价对象的行为与评价标准中的行为描述进行对标，根据符合程度进行评分即可。

表2-6　干部标准评价表

| 三大特质 | 行为描述（每个特质对应五个杠杆行为，符合则计1分，每个特质满分5分） |
|---|---|
| 求胜 | □ 拥有必胜的信念，不达目的不罢休 |
|  | □ 凡事充分准备，提前沙盘模拟，预判风险并制订应对方案 |
|  | □ 困难面前仍意志坚定、充满热情，能够克服障碍以达成挑战性的目标 |
|  | □ 具有强烈的成就欲望，不满足现状，持续追求卓越并为之倾注全力 |
|  | □ 勇于承担风险，勇于接受极富挑战性的任务，并高效达成 |
| 利他 | □ 注重团队和他人利益，不因个人利益或短期利益损害组织或他人长期利益 |
|  | □ 认同团队的目标，主动分享信息、经验和资源等，能以实际行动支持团队工作 |
|  | □ 尊重他人，换位思考，主动为客户或他人着想，并为此付出实际行动 |
|  | □ 出现问题时，专注于解决问题，而非指责 |
|  | □ 主动承担责任，不计较得失 |
| 好学 | □ 不定期回顾自己的工作，敢于否定自己，反思需要改进之处 |
|  | □ 主动寻求他人的反馈，认清自我，了解自身存在的短板和不足 |
|  | □ 持续学习，快速掌握新领域的专业知识 |
|  | □ 能够将所学快速运用到实际工作中，举一反三，并取得成果 |
|  | □ 好奇心强，善于创新，喜欢解决新问题，能够迅速驾驭复杂问题 |

（续）

| 三大能力 | 细分领域 | 行为描述 | | | |
|---|---|---|---|---|---|
| | | 0～1分 | 2～3分 | 4～5分 | 6～7分 |
| 摘果子 | 有专业 | 具备基础专业概念和理论，掌握基本的业务知识和技能，能够理解部门或团队的工作流程和操作规范 | 具备一定的业务理解能力，能够了解业务的基本规律。具备一定的问题解决能力和决策能力，能够独立应对一些常规性工作问题和挑战。可以指导下属完成专业工作 | 具备深入的业务理解和分析能力，理解专业行业发展趋势，具有较强的业务问题识别和解决能力，能够为团队制订专业能力发展规划 | 具备深厚的业务专业知识和经验，能够全面理解和把握专业方向发展的内外因素，并能够为企业提供战略性建议和决策支持，推动企业专业领域持续创新和发展 |
| | 做规划 | 对商业机会变化保持兴趣和关注，能够从中挖掘出与团队工作有关的信息 | 能对内外部环境进行有效分析，并形成有效的团队级1～2年战略 | 能够运用多种方法分析内外部环境，快速洞察对企业有价值的突破点和增长机会，帮助企业形成关键机会点和战略举措 | 结合对长期商业变化趋势的洞察，识别内部战略能力，抓准长期战略机会，持续系统刷新企业战略，确保企业竞争力 |
| | 盯执行 | 能理解、解码逻辑，高效执行所分配的关键任务 | 能够主动根据企业战略精准解码自身及团队关键支撑点，及时汇报与反馈 | 灵活调整团队战略以匹配企业战略需要，针对战略执行中的具体问题能快速反应，及时优化或提出针对性的解决方案，并持续复盘，沉淀经验 | 能够详细、全面地规划复杂的跨部门级执行工作，预判过程风险，建立跟踪机制，任务执行精准高效 |

（续）

| 三大能力 | 细分领域 | 行为描述 | | | |
|---|---|---|---|---|---|
| | | 0~1分 | 2~3分 | 4~5分 | 6~7分 |
| 建队伍 | 精选人 | 粗略了解团队成员的特点，清晰定义岗位需要具备的知识、技能、行为及动力因素 | 大致了解下属的喜好、特点和优劣势，预测其业绩表现，使合适的人在合适的位置 | 善于通过员工行为敏锐抓住员工特点，清晰了解每个人的最大优势，并最大化发挥其优势 | 在了解个体的基础上，让团队成员互补匹配，组织效益最优 |
| | 培养人 | 有效沟通，给予下属必要支持 | 赋予挑战性任务，根据需要及时授人以鱼 | 实现授人以渔，培养成果满足本部门的需要 | 设计团队成员历练路径，培养成果能超出本部门的需要 |
| | 激励人 | 关注他人工作状态，成员需要时，及时主动介入影响 | 肯定他人闪光点，给予机会发挥每个人的潜力 | 因人而异采用多种方法灵活激发团队热情 | 以激励的方式建立共同愿景，使成员自驱力十足 |
| 优土壤 | 建文化 | 正确理解文化理念 | 能向团队成员传达文化理念 | 主动塑造和传播文化模范，且在企业范围内能以身作则，起到标杆引导作用 | 参与企业文化的细化与升级，是企业文化解读和传播的标杆 |
| | 搭架构 | 了解常见的组织架构类型，掌握架构优化的方法，对组织现有架构有基本的理解 | 能思考并发现团队内部岗位架构方面的问题，主动调整，避免因职责划分不当影响组织效率 | 能根据企业战略或业务的发展，对现有组织架构进行调整与优化，精简组织 | 时刻关注组织与业务的匹配度，能前瞻性地提出组织架构全面优化方案，持续提升组织能力 |
| | 优流程 | 掌握流程优化的方法，对组织现有流程有基本的理解 | 主动思考、发现所在团队内部流程方面的问题，并能进行调整，避免类似问题发生 | 能根据企业战略或业务的发展，对现有组织流程等方面进行调整和优化，实现上下游流程的整体性提升 | 时刻关注组织与业务的匹配度，能立足企业整体，前瞻性地提出系统性的流程变革方案，实现组织流程效率行业领先 |

有了上述行为描述的干部标准，企业就可以选用表 2-7 中的各种
评价方法和工具对现有干部或潜在提拔对象的业绩、能力、价值观/特
质等进行评价和盘点。

表2-7　干部评价维度及参考工具

| 评价维度 | 衡量内容 | 评价工具 | 评价主体 |
|---|---|---|---|
| 业绩 | 当期实际业绩产出与工作表现 | 绩效考核<br>述职会议 | 直接上级/述职评审专家组 |
| 能力 | 是否具备相应能力 | 360度评估<br>结构化访谈/面试<br>人才盘点会议 | 间接上级/直接上级/同事/下级/HR |
| 价值观/特质 | 从价值观、动机、个性等方面衡量在组织内的发展空间 | 性格测评<br>360度评估<br>人才盘点会议 | 间接上级/直接上级/同事/下级/HR |
| 年龄/知识/技能/经验 | 掌握岗位要求知识技能程度 | 考试/技能测试<br>举证<br>个人经历调查 | 人力资源部/干部管理部 |

在众多干部盘点工具中，人才九宫格（见图 2-9）使用甚广，包括
阿里巴巴、华为、京东等国内知名企业都普遍使用该工具进行干部盘
点。基于干部标准各个维度的评分结果，企业利用人才九宫格即可快
速了解当前干部总体结构的合理性以及每个干部个体的胜任情况，并
可从中选拔表现优异者、高潜者提拔到更高层级。

常见的人才九宫格一般选择干部标准中的"能力"和"业绩"两个
维度，根据分值分为高、中、低三个等级，将企业内部（或潜在）干部人
才大致分为六类。显而易见的是，1、2+ 和 2 这三类干部总人数占企业干
部总人数的比例越大，则说明企业的干部人才结构越好，人才密度越高。
一般而言，比较健康的干部人才结构应该是 1、2+ 和 2 这三类干部占比超
65%。反之，如果 3、4 和 5 类干部占比过大，则代表企业干部人才结构堪
忧，后续需要通过干部的招聘、培养、选拔、淘汰等管理动作抓紧调整。

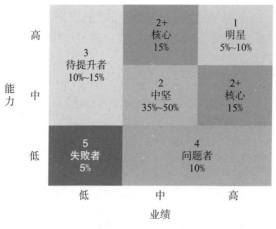

图2-9　人才九宫格

　　很多时候，企业也会根据管理需要调整人才九宫格两个维度的组合，"价值观—业绩"和"特质（潜力）—业绩"这两种人才九宫格也比较常见（见图2-10）。

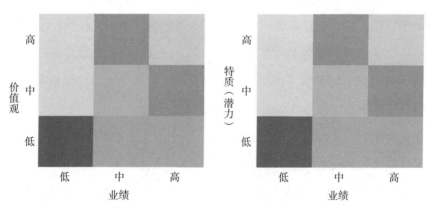

图2-10　"价值观—业绩"九宫格和"特质（潜力）—业绩"九宫格

　　一般，如果企业更加关注寻找"同路人"，意在挑选严格践行和遵守企业价值观的干部，或是剔除价值观与企业不一致的干部，则可以采用"价值观—业绩"人才九宫格。如果企业希望评估干部未来的发展潜力和价值创造能力，选拔干部梯队培养对象，则可选用"特质（潜力）—业绩"九宫格。

不管选用哪种人才九宫格，干部盘点除了能帮助企业认清当前整体的干部人才结构和每个干部的胜任情况，还可以基于未来的用人需求对外指导干部人才的招聘和获取，对内指导干部的淘汰、选拔、激励、培养和任用调整，解决干部数量、质量和结构方面的缺陷和差距问题，帮助企业最终实现干部需求的满足，进而为企业组织能力的提升和战略目标的实现提供坚实的人才保障。

为实现上述效果，很多企业都会为干部建立"干部档案"，每年在对干部进行评价和盘点后，企业的干部管理部门都会将干部各个维度的评价结果，综合其履职信息、奖励荣誉、培训发展等信息更新进干部档案，从而为企业未来的干部管理，包括干部的选拔、配置任用、激励及培养等工作提供最全面、客观的第一手资料和依据。

任正非曾说："人才不是华为的核心竞争力，对人才进行有效管理的能力才是企业的核心竞争力"。我们希望企业每年定期开展干部盘点，就像华为、阿里巴巴、腾讯等优秀企业正在做的一样；也可基于需要不定期地开展干部盘点，逐步在内部形成干部盘点和管理的文化，企业的干部管理能力一定会持续增强，进而成为企业的核心竞争力。

有效管理的前提是人才标准，只有建立起科学清晰的干部标准，才可能在此基础上建立完善的干部管理体系。因此，干部标准是干部管理体系建设的基础，其准确性和适用性，特别是其能否高度对准让企业"胜利"至关重要。企业要高度重视干部标准的建立和迭代优化，它不仅关乎用人的价值导向，更关系企业战略目标的实现。

# 第3章

# 最大化发挥干部价值

　　干部的价值建立在干部的科学任用上，基于明确的干部标准选拔合格的干部是干部任用的基本前提。而接下来，如何搭建科学合理的干部任用机制，从而保证在干部的任用中人尽其才，实现干部价值的最大化，这是我们在本章中要跟大家共同探讨的话题。

## 干部任用12字方针

　　在干部任用上，首要原则就是实行"任期制"，不搞"终身制"。有了"任期制"这个大前提，再配套干部的选拔、配置和评价，干部的任用才能实现能上能下、能进能出式的流动，干部队伍才能进行新陈代谢，干部才能不断成长。经过多年的实践研究，我们提出企业应遵循干部任用 12 字方针（见图 3-1），即差异配置、动态匹配、定期评价，确保干部任用的科学合理。

图3-1　干部任用12字方针

差异配置：对企业来说，干部是一种稀缺资源，不同层级的干部在角色定位、任职要求、价值独特性以及人才稀缺性上存在差异；不同岗位对于企业战略目标实现的价值性也存在差异。因此在干部任用过程中，企业应根据干部的角色和岗位的特性差异找到最优的配置方式，最大限度地挖掘企业内干部资源的潜力，充分发挥干部的价值创造能力，从而保障企业战略目标的实现。

动态匹配：干部标准和任用机制明确的是干部管理的理想状态，而真实的干部任用场景复杂多变，特别是对干部人才相对短缺的中小企业来说，完美符合标准的干部求而不得，能力有短板、价值观有问题的干部不在少数，一步到位全部替换不可能，也不现实。很多时候，在把握干部任用的底线上，企业需要根据自身情况和干部特点做变通处理，可采取"带病上岗""打好组合拳"等方式来解决干部任用中的问题。

定期评价：企业应该对干部在任用过程中的履职能力和任职结果进行定期评价，并基于评价的结果进行灵活调整，如晋升、维持现岗位、调岗或者降职等，从而实现职级能上能下、干部能进能出、薪酬能高能低。而干部的价值观、特质、能力等打胜仗的素质也要经得起反复考验，只有经得起反复考验的干部企业可以大胆地任用。只有将评价结果充分应用，才能使干部的任用形成闭环，才能对干部下一阶段的任用产生积极的影响。

# 干部角色决定配置原则

分层分类、差异化管理是人才管理的基本理念。在企业当中，干部的层级不同，干部的能力就有差异，角色定位也会不同。因此，如何根据干部的能力和角色定位最优化干部配置，充分发挥干部的价值创造能力，支撑企业战略目标实现是关键。北京首钢集团就曾提出："如果你是条龙，就给你提供一个大海；如果你是只老虎，就给你提供一座山；如果你是只猴子，就给你提供一棵树。"

## 高层干部因人设岗，人尽其才

干部层级越高，其工作场景的复杂性就越大，职责和组织的弹性空间也越大，个人能力和价值发挥对企业的影响也越大。同时，高层干部能力强，独特性和稀缺性高，价值创造能力也强。因此对于高层干部，不必过于追求组织、岗位设置等刚性约束，以便在未来的组织中为其设置最合适的任用岗位，"因人设岗"更能充分发挥高层干部的价值创造能力，"量身定制"的岗位才能让他们"人尽其才"。此外，因人设岗式的任用也彰显了企业对高层干部的重视，不仅增强了对高层干部的吸引力和激励，也降低了现有高层干部流失的风险。

典型的例子是腾讯为吸引刘炽平的加入，专门设立"首席战略投资官"职位，虽然在设立时，腾讯内部并未明确这个职位的具体职责是什么。刘炽平2004年底加入后，主张腾讯从封闭走向开放，并带领腾讯投资团队四处出击，投资了美团、京东、快手、拼多多等众多知名企业，为腾讯构建了一个庞大的投资版图，支撑了腾讯的快速发展。2005 年初，刘炽平主导完成腾讯第一例收购案——Foxmail，为挽留传奇工程师张小龙（据说当时他不愿意去深圳），腾讯专门成立了广州研发中心，由张小龙出任总经理，然后才有了 2011 年张小龙带领广州团队研发的"微信"横空出世，张小龙因此成为"微信之父"。

## 中层干部因岗选人，完美匹配

中层干部在企业中是极为特殊和关键的群体，可以说，他们是干部"三大效应"（具体见第 1 章）的最佳代言人。全球领导力大师约翰·麦克斯维尔在《中层领导力》一书中说，企业 99% 的领导力来自企业中层，而不是顶层。

所谓中层大致有两层含义：一是中间层，承上启下、左右协同，是整个组织内部高速流畅运转的桥梁和纽带；二是中坚层，是团队管理、人才体系建设、组织能力塑造的中流砥柱，是组织实现战略目标、高速发展的支撑力量。所以中层干部是否合格和胜任，直接影响企业战略目标的实现、人才管理体系的建设和组织能力的打造，影响重大。

因此，在中层干部的配置上，理想情况下，企业应该基于中层干部的角色定位进行职责拆解和能力分析，并严格按照干部标准进行"因岗选人"，务必追求候选人的"完美匹配"，从而保证中层干部角色功能的充分发挥。否则，如果中层干部"带病上岗"，那一定会影响"三大效应"的发挥，对企业的长期发展和竞争力的塑造带来损伤。

不过，要实现中层干部的完美匹配谈何容易，现实中如果坚持"宁缺毋滥""按图索骥"式的用人原则，很可能导致中层无人可用。

所以，为了让中层不脱节、不瘫痪，企业除了扩大中层干部的选拔范围，加快中层干部培养外，也可采取"用班子代替个人""虽不完美但最合适"的权宜方式来任用干部，对于企业急需补齐能力的特殊人才，也可摆脱规则、不拘一格地任用。

### 基层干部跑步上马，先行代理

基层干部多数从一线骨干员工提拔而来，主要职责是带领一个小团队完成工作任务，该角色有两个特点。

（1）有信任基础。基层干部提拔前往往在各自的专业领域内具备较强的业务能力，其专业性在组织内部有信任基础；同时，内部培养起来的干部具备更高的忠诚度和组织认同度。

（2）管理难度和幅度有限。基层干部的角色定位仍然侧重工作任务的落地和执行，"管理"在基层干部的职责权重中只占一小部分，其管理难度和管理幅度相对有限。

正因为这两个特点，基层干部的配置我们认为可以采取"跑步上马，先行代理"的方式——快速提拔那些当前不完全胜任但具备培养潜力的骨干员工做干部，先把工作开展起来，一边干一边学，通过"拔苗助长"的方式快速培养出一批胜任的基层干部。一方面可以在风险可控的前提下快速解决基层干部不足的问题；另一方面也有利于对内部优秀人才的激励和培养。

为更好地发挥基层干部的作用，在遵循上述配置原则外，企业在基层干部的选拔任用中也应遵循"年轻化、业务化、专业化"三个优先原则。

年轻化，优先选拔年轻的基层干部：首先，年轻干部通常充满朝气、活力且具备创新思维，大胆任用年轻干部有助于为组织培养新鲜血液，为组织发展储备更大的想象空间。其次，年轻干部适应变化和接受新观念的能力更为突出，这对组织应对快速变化的外部环境至关重要。给予年轻干部更多的机会和责任也有助于激发其工作积极性和创造力，为组织未来的发展培养更多的领导人才。

业务化，优先从业务一线选拔基层干部：干部的价值最终指向商业结果，这要求干部必须深刻理解业务需求并满足业务发展需要，因此基层干部应优先从一线业务部门当中进行提拔，他们对组织的业务运作有更深入的了解，能够直接感知和理解业务需求。同时，这些干部经常面临实际业务上的挑战和问题，他们的经验和解决问题的能力使他们能够更快速地适应和应对变化，能为组织解决实际问题提供及时有效的方案。

专业化，优先选拔专业能力强的基层干部：摘果子的能力是干部短期内站稳脚跟、取得信任的根本，专业出身或有相似专业背景的人才通常具有丰富的专业知识和熟练的操作技能，这些优势能够帮助他们在短时期内快速解决业务问题，因此基层干部的任用要优先"专业化"，降低先行代理失败的风险。

### 关键重点岗位，饱和配置

纽约州立大学管理学院人力资源教授、资深副院长布莱恩·贝克尔等人对通用电气、IBM、思科、霍尼韦尔等全球 25 家一流企业的研究和对 300 名来自全球大型企业的高管的调查发现：顶尖人才的数量比例在一流企业与二流企业间并没有太大差异，真正将一流企业与二流企业区分开来的不是人才数量，而是用人方法。一流企业会刻意实行不平等主义，不平均分配顶尖人才，它们会将顶尖人才安排在那些对企业业绩产生重要影响的位置上。因此，一流企业中超过95%的重要职位都是由顶尖人才担当的。而二流企业则无意间实行了平等主义，这些企业会试图将它们的一流人才平均分配到各个职位中，每一个团队的顶尖人才数量相同，没有一个职位会被视为比其他职位更重要。正是这样不同的用人方法决定了一流企业和二流企业显著的业绩差异。

对任何企业来说，干部虽都是关键岗位，但各干部岗位之间会有关键和相对非关键之分，这需要企业根据自身的商业模式特点、发展阶段以及阶段战略目标等情况去识别。比如，在成长期的企业，可能业务前台比中后台更关键；在发展成熟期的企业，可能中后台比前台更重要；在转型期的企业，可能新兴业务板块比成熟业务板块更重要；在贸易公司，肯定是销售干部比职能干部更加重要。对于那些关乎企业发展和战略目标实现的特别重要的干部岗位，建议一定要实行"饱和配置"：

（1）在数量上充足，满编配置，不要缺编。

（2）在质量上领先，岗位上绝大多数或全部是明星和优秀干部。

（3）在激励上倾斜，给这些岗位的干部充分激励，拉开与其他岗位的差距。

（4）在梯队上建设，推行 AB 角 <sup>⊖</sup>，确保 100% 储备合格继任者。

（5）饱和配置的目的就是要确保关键干部岗位上的人才数量、质量和活力优势，从而为尽快实现战略目标提供保障。

---

⊖　即每个岗位A角是主要负责人，B角是协助或者次要负责人。当A角因故不在岗时，B角应该顶替A角，确保岗位工作顺利运转。

# 干部任用四象限法

在明确干部标准之后，企业并非就能找到足够并恰好合适的干部进行任用。企业对干部的任用肯定会遇到很多现实的问题，有时候必须"委曲求全"，这也实属无奈。根据能力（含特质）强弱以及价值观一致性两大维度，在干部任用四象限中，企业可以将干部分为四种类型。对这四种类型的干部，企业可以采取四种不同的任用办法（见图 3-2）。

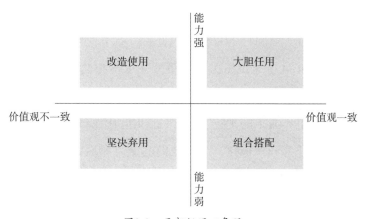

图3-2　干部任用四象限

第一种，能力强且价值观一致的干部：大胆任用。

第二种，能力强但价值观不一致的干部：改造使用。

第三种，能力弱但价值观一致的干部：组合搭配。

第四种，能力弱且价值观不一致的干部：坚决弃用。

## 第一种：完美匹配，大胆任用

虽然可能只是少数，但企业的确会存在部分干部完全符合甚至是超出干部标准。对于这种"完美匹配型"干部，我们建议企业领导者们"大胆任用，充分授权"。

很多企业存在着"授权怪圈"：一方面，直线上级觉得干部不主动担责，承担得不够，所以不敢授权；另一方面，干部觉得直线上级授权不足，不信任自己，所以工作积极性不高。这使得企业和干部陷入了授权不足和不主动担责的恶性循环里。这种权责悖论经常发生，导致优秀的干部干劲不足，价值发挥不充分。

要打破这种"授权怪圈"，杰克·韦尔奇的经典名言——"管得少就是管得好"给出了答案。企业应大胆提拔和任用这种类型的干部，在确保他们充分了解自己的目标和职责后，给予他们足够的信任和授权，让他们能够自主地做出关键决策，并承担相应的责任。过程中，企业可以与这些干部保持充分的沟通，及时给予他们支持，这样有利于企业对干部工作成果的把控。这样的任用和授权方式可以大幅提高这些干部的责任感和积极性，激发他们的潜力和活力。企业须知，这些干部是"完美匹配"的，即使有风险，他们也值得企业的充分信任和授权。

如何实现"大胆任用，充分授权"？企业可以借鉴美的集团的操作方式，它在集分权管理方面是国内标杆。美的以敢于且善于分权著称，它提出在非关键路径上放权管理，其分权手册更是备受业界推崇（见表3-1）。美的的营运部门负责分权手册的动态管理。每半年，相关部门都会推动公司高层将相对成熟的业务决策权下放，要求领导聚焦例外管理，并将决策经验规则化、标准化。美的的高管团队具备极强的分权管理意识，会积极地配合营运部门做好分权手册修订工作。

表3-1　美的分权手册节选示例

| 序号 | 职权事项 | 提案 | 审核 | 会审 | 审议 | 审批 | 备案 | 备注 |
|---|---|---|---|---|---|---|---|---|
| | **1　战略规划** | | | | | | | |
| 1) | 制冷家电集团中长期战略规划 | 冷经 | 管委 | | 集战 | 主席 | | 美的集团战略与投资决策委员会审议，董事局主席审批 |
| 2) | 事业部中长期发展战略规划 | 事营 | | | | 事管 | 集战、管委 | 事业部营销总部委会审批，事业销部委会备案 |
| 3) | 制冷家电人力资源中长期发展规划 | 冷人 | | | | CEO | 集行 | 集团人力资源部提案，集团人力资源部备案 |
| 4) | 制冷家电中长期技术发展战略规划 | 冷技 | | | 管委 | CEO | | 制冷行政与人力资源部提案，制冷管理委员会审议 |
| | **2　年度计划** | | | | | | | |
| 1) | 制冷家电年度工作计划的制订 | 冷经 | | | | CEO | 集战 | 制冷经营管理部提案 |
| 2) | 制冷人力资源年度工作计划 | 冷人 | | | | CEO | 集行 | |
| 3) | 事业部年度IT投资预算 | 事业部 | 冷IT | | 集IT、集财 | 主席 | | 制冷IT部审核、集团IT部/财务部审核 |
| 4) | 事业部年度科技投入预算 | 事业部 | 冷技 | 集财 | 中研 | 主席 | | 中央研究院审议 |
| | **3　组织与流程** | | | | | | | |
| 1) | 集团机构设置方案、组织流程调整方案 | 冷人 | | | 管委 | CEO | 集行 | |
| 2) | 事业部组织流程调整方案 | 事业部 | 冷人 | | | 事管 | | |
| 3) | 事业部定岗定员方案及调整方案 | 事业部 | 冷人 | | | 事管 | | |

正是因为采取了高度分权的管理模式，美的的业务流程简洁、快速、高效，管理决策点低且贴近业务一线，可以快速反应，提高效率，进而快速成长。这种良好的集分权管理方式也激发了基层员工快速成长的动力。曾有人问美的集团高管，一个大学毕业生在美的成长起来需要多久？他的回答是半年到一年。背后的原因何在？相当一部分要归功于美的集团集分权适度，分权为员工提供了工作机会，为员工带来了责任与压力，激活了员工团队。故在美的内部，也有"集权有道、分权有序、授权有章、用权有度"之说。

## 第二种：拳中揸沙，改造使用

每个企业都想打造一支能力强、凝聚力高的干部队伍，但这无疑是一个长期建设的过程，我们经常宽慰企业一把手："志同道合者可遇不可求"。很多企业，特别是在中小企业中普遍存在第二种类型的干部，他们业务能力突出，是企业业绩的绝对贡献者，但对企业的认同度不够，价值观与企业也不完全一致。这类干部如何任用往往成为很多企业的难题。不用，企业当下业绩受影响；用，存在较大的风险隐患。我们对这些干部的任用建议是：边改造，边使用。

对企业来说，无论干部价值观与企业是否一致，价值观的对齐都应该是一项日常工作，只有进行时，没有完成时。特别是对于能力强但价值观与企业不一致的干部来说，企业对其思想的改造更是应该常常纠偏，时时校准，通过与这些干部深入坦诚地沟通，尝试影响和改变他们的行为和观念，说明价值观与企业不一致的行为对企业的影响，帮助这些干部意识到自己的行为可能带来的负面影响和后果，尽全力"治病救人"。

同时，可将这些干部配置在"非他岗位"（即专门发挥其能力的岗位，非他莫属），并向这些干部提出明确的业绩和管理目标，借其能力和经验解决企业难题，并通过表彰和奖励去规范、影响、重塑其行为。过程中，企业应通过组织流程建设、团队搭配、方案标准化等方式实现干部经验的萃取和梯队人才的培养，从而实现对干部能力的复制，减少对这些干部的依赖性。

如果这些干部屡教不改甚至变本加厉，做出不符合企业价值观的行为，严重影响企业的内部氛围，企业应及时、果断采取严厉的措施维护企业价值观，包括但不限于内部转岗、停职待岗或者最终解聘等措施，以正企业风气。

### 第三种：能力不足，组合搭配

对于很多企业，特别是中小企业而言，价值观与企业一致但能力有短板的干部大量存在，可能是现有干部的任用常态，但全部替换基本不可能，对其进行能力提升也需要时间。对于这种类型的干部，对其的任用建议是：打好组合拳。

个人发展看长板，组织发展看短板，企业应从整体利益出发，用人所长，苛求全才并不现实。对确有能力短板且影响绩效表现的干部，我们建议企业通过为其配搭档来弥补其能力短板，通过能力互补、组合作战、综合多人优势能力来实现对干部岗位标准的"完美匹配"。使用类似组合搭配的有华为的"狼狈组织"和"铁三角"、腾讯的"双打战略"、阿里巴巴的"政委制"等。

需要提醒的是，并不是所有有短板的干部都适用"打组合拳"的方式。

在干部标准中，"打胜仗"是干部的唯一信仰，因此所有干部都必须首先具备打胜仗、拿结果的能力，即"摘果子"能力。如果干部，特别是各级一把手这部分能力欠缺，我们不建议企业通过"配搭档"的方式对其进行任用，因为很难确保干部组合的战斗力。如果干部"摘果子"能力比较强，只是"建队伍"和"优土壤"的能力有所欠缺，企业可以通过"配搭档、补短板"的方式进行任用。比如华为的"狼狈组织"中，狼是正职，具备敏锐的嗅觉、强烈的进攻意识，负责开疆拓土；而狈是副职，具备缜密严谨的思维、认真细致的习惯，负责稳固后方团队管理。阿里巴巴的"政委"同样也是配合一把手做团队管理和人员思想工作的角色。

通过使用"打组合拳"的任用方式，企业可以充分挖掘内部的干部资源，既能发挥"摘果子能力强、忠诚度高"的干部的优势，又调动了"建队伍、优土壤"型人才的积极性，从而各尽其才，令其更好地为组织创造价值，这可能是大部分企业干部任用的常态。

2008 年，Facebook 已经成为全球最大的社交网络平台之一，但仍面临着增长、盈利和管理等方面的挑战。扎克伯格当时担任公司的首席执行官，对于如何有效运营和管理这个庞大的公司感到有些无措。当年夏季，雪莉·桑德伯格从谷歌加入 Facebook，担任公司的首席运营官。桑德伯格是一位经验丰富的高管，拥有在谷歌等公司的成功工作经历，她擅长管理运营、提高组织效率和促进团队合作。桑德伯格加入后成为扎克伯格工作上强有力的合作伙伴，他们共同改善 Facebook 的运营和管理，推动公司的长期发展。扎克伯格专注于公司的产品开发、技术创新和战略规划，桑德伯格则专注于公司的日常运营、团队管理和企业文化建设。他们共同努力推动了一系列重要举措的实施，包括改善广告商务模式，扩大用户群体，优化产品体验和加强企业文化等。在扎克伯格的技术远见和桑德伯格的运营管理的"组合拳"下，Facebook 迅速壮大，成了全球最大的社交网络平台之一。

## 第四种：坚决弃用，大力外招

对于既没有能力，价值观又与企业不一致的干部，企业应该毫不犹豫地及时替换，坚决弃用。如果内部没有合适的干部任用人选，企业要做的就是大力外招，引入"空降兵"，尽快补足岗位空缺。

不过据权威机构统计，美国企业中高层"空降兵"能存活超过两年的概率是 32%，而这个数字在中国只有 11%。"空降兵"存活率向来较低，因为他们对新组织情况不熟悉，而新组织内部成员对于外来的"空降兵"也常抱着不信任、敬而远之的态度。如果"空降兵"不能迅速融入组织，赢得组织成员的信任，就无法开展工作并快速取得业绩来证明自己，出现所谓"水土不服"的情况，结果必然是"阵亡"，卷铺盖走人。

根据我们的研究，企业要用好空降干部，使他们顺利融入组织发挥价值，可以参照空降干部融入五步法来操作，如图 3-3 所示。

正式任命　帮扶排雷　选定合理的战场　快速胜利　反馈辅导

图3-3　空降干部融入五步法

步骤一：正式任命。空降干部加入后，建议企业第一时间通过正式渠道进行组织任命，及时、公开地赋予外来干部权力和头衔，给予其官方背书，彰显企业对外来干部的尊重和重视。

步骤二：帮扶排雷。每个组织一定程度上都存在复杂的内部关系，为避免空降干部刚加入就触碰不必要的麻烦而陷入融入失败的危机，企业应为他们指定帮扶对象，并对其进行一对一帮扶，指导这些新加入干部，帮助其理清内部关系，扫除障碍。

步骤三：选定合理的战场。企业要放下对外来干部的不合理预期，不要一开始就设定过高过难的目标和任务。让外来干部从自己最为擅长或者企业相对空白的任务着手，由易到难。选好战场后，更关键的是帮扶对象要与外来干部对齐思路、行动计划和资源需求，在过程中支持并辅导外来干部，确保外来干部能"首战告捷"。

步骤四：快速胜利。企业要帮助外来干部小步快走，快速取得阶段性成果，通过一个个"小小的成功"，让外来干部不断积累内部认同，赢得信任，树立权威，提高融入成功率。

步骤五：反馈辅导。企业要定期对外来空降干部的表现进行评估，并及时与他们进行复盘总结，通过反馈辅导不断提升其表现，增强其信心，帮扶其融入。

## 干部要经得起反复检验

干部任用的良性循环一定是建立在充分、科学、全面的任职评估基础之上的，评估结果既是企业对干部任用成果的检验，也是对干部岗位胜任力的评价。但事实上，很多企业在干部评价方面存在问题，主要体现在以下几个方面。

（1）评价指标单一，走极端。

干部评价体系过于依赖单一指标，要么主要依赖单纯的业绩考核，要么依赖主观评价。这种走极端的、单一的评价指标难以准确地反映干部的全貌，导致评价结果片面，影响企业对干部真实水平的准确认识。

（2）评价一劳永逸。

有些企业往往走入一种误区，即一旦干部晋升到新岗位，就不再进行系统的、固定的评价。这种"躺平"式的评价管理方式使得干部失去了继续学习和提升的动力，会导致干部产生满足感而忽视个人发展，也会使得一些不胜任的干部长期滞留在关键岗位上。

（3）评价结果未充分应用。

一些企业干部评价结果与干部下一步的任用、个人成长、薪资调整等挂钩不足，导致评价结果缺失严肃性，干部失去工作热情和动力。这样一来，干部无论优劣，都得不到相应的激励或处罚，使得评价结果缺乏实质性的推动力，干部评价逐渐形式化。

（4）评价方式一言堂。

评价方式主要依靠直接上级，缺乏多维度的评价，缺乏来自团队成员、同事和其他相关人员的全面反馈。单一的上级评价难以多维度、客观地呈现干部在领导和团队合作等方面的综合表现，更容易造成干部"屁股"对着市场和同事。

如何充分验证和更好地评价干部的胜任情况，以便更好地指导干部任用？我们建议把握好如下几个要点。

**推行干部任期制**

干部评价绝不能一劳永逸，优秀的干部要经得起反复检验，因此，企业要将干部任期制考核和日常评估两种评估方式相结合。

第一种是推行干部任期制考核。

任期制是以"时间划限"破除"干部终身制"；契约化是以"岗位契约"破除"大锅饭"。2020年，国有企业开始推行经理层成员任期制与契约化管理，这是多年来党和国家在探索国有企业负责人市场化改革后总结的在当前阶段更有普遍适用性的管理手段。

对于民营企业，该方法同样适用。为了保持干部队伍的活力，企业应该引入干部任期制和契约化的考核方式，即制定明确的工作任务和目标，设定一定的任期，以此来进行干部的任期评价。干部任期建议以"三年"作为一个周期，每三年对干部任期内的表现进行一次综合评价。

须提醒的是，虽说干部任期为三年，但这不意味着每个干部一旦上任就一定可以干满三年或只能干三年。一般而言，只要在任期表现不达预期，或连续考核不合格，干部随时都有可能被替换。任期结束，考核评价合格，干部也可以连任，或是由于表现出色被企业提拔调岗。

第二种是以日常评估进行过程跟踪。

除了任期制考核外，为及时了解干部履职的表现，企业还可定期对干部进行履职过程中的日常评估。基于不同企业的管理需要，结合干部群体工作的特殊性，干部日常评估的频率多以季度/半年度/年度进行。一般越高层的干部日常评估周期越长，比如以年度为单位；越基层的干部日常评估的周期越短，比如以季度为单位。但总体而言，考虑到干部职责的全面性和复杂度，日常评估在短期内一般很难产生明显的成效，因此不建议日常考核过于频繁，比如以月度为单位，否则不仅增加大量的管理成本，评价也不一定公允客观。

除了任期制考核和日常评估这两种评估方式，企业还选用多种干部任用评价手段，比如绩效考核、360 度评估、民主评议、任职资格评价、干部述职、集体讨论等，企业类型不同，管理要求不同，选择不一。

**述职是干部任用评价利器**

根据我们的实践总结，从评价的实操性、客观性和准确性的角度考量，建议企业将"述职"作为载体对干部进行评价。述职是员工向其直接上级或其他相关人员汇报其工作业绩、完成情况、工作进展以及所面临的挑战和问题的过程，是一个多维度、多评价主体的评估工具。干部述职可以避开单一业绩维度评价、单一评价主体等评价误区。因此，企业可以将干部述职的结果作为最终的干部任用评价结果。

干部述职是干部管理中最重要的管理活动之一，是决定干部任用与发展的关键工具。很多企业也会开展干部述职，但因为没有给予必要的重视或操作步骤有误，所以经常流于形式，变成一场声势浩大的走过场活动，没有起到作用不说，还"劳民伤财"，让述职失去了应该有的价值。

科学的干部述职可参考干部述职三步法，如图 3-4 所示。

图3-4  干部述职三步法

第一步：收集初评结果。

在述职前，企业需要根据干部标准提前收集以下几个方面干部任职的初步评价结果信息。

（1）基本条件：包括干部的学历、专业、经验等基本背景信息，这部分信息可以通过人力资源部的干部档案收集、确认。

（2）干部业绩表现：干部业绩表现主要来源于企业年度／半年度／季度的绩效考核结果。

（3）价值观、特质和能力表现：对于干部的价值观、特质和能力表现，企业可以采用 360 度评估方式，向同级、下级、上级等与干部在工作中有密切接触的相关方收集评价信息。

第二步：组织述职评审会。

在收集完干部的初步评价信息之后，企业即可组织召开干部述职评审会来讨论并确认干部评价结果。这里面有几个关键点。

（1）组织方式：述职评审会的组织方通常为干部管理部门，一般以半年或一年为开展周期，频率不宜过高。

（2）答辩流程：组织方提前发布述职要求，所有在职干部根据述职要求提前准备述职材料，材料经组织方评审通过后方可参加答辩，答辩顺序一般按照层级从上至下。

（3）评审方式：评审方式为集体评审，评委一般由直线上级、干部管理机构专家、高管和企业一把手组成。

第三步：综合评议定结果。

评审专家结合述职前收集的初评信息与干部在述职会上的述职表现，对照干部述职综合评议表（见表 3-2）对干部任职结果进行评议打分，并确定评价结果。综合评议实施的关键点如下：

表3-2　干部述职综合评议表

| 评价指标 | 指标说明 | 权重 | 评价标准 | 初评结果 | 综合评议结果 |
|---|---|---|---|---|---|
| 绩效结果 | •考核周期内绩效目标责任书的完成情况<br>•不只是经营指标，也包括管理指标 | 30% | （15～20分）考核周期内，绩效目标责任书完成率≥90% | ×× | |
| | | | （8～14分）考核周期内，60%≤绩效目标责任书完成率＜90% | | |
| | | | （0～7分）考核周期内，绩效目标责任书完成率＜60% | | |
| 能力特质360度评估 | •核心价值观体现了干部对企业的认可与企业倡导行为的践行<br>•干部标准中的特质与能力，是合格干部的必备基础<br>•工作中有明确的案例证实个人能力水平 | 30% | （15～20分）干部核心价值观、特质与能力全部优于现岗位工作要求 | ×× | |
| | | | （8～14分）干部核心价值观、特质与能力全部满足现岗位工作要求，且有部分能力优于现岗位工作要求 | | |
| | | | （0～7分）干部核心价值观、特质与能力未能全部满足现岗位工作要求 | | |
| 解决问题 | •面对工作中的问题，是否能透过现象看本质，及时提出合理的解决方案，且方案可操作、落地 | 15% | （15～20分）面对问题，能够客观、全面、深入地分析原因，并提出针对性的改善方案，有效解决问题 | ×× | |
| | | | （8～14分）面对问题，能够分析原因并提出解决方案，但分析深度不够，方案针对性一般 | | |
| | | | （0～7分）面对问题，未能做到有效分析，没有找到好的解决方案，还在思考阶段 | | |
| 工作规划 | •对自己如何能够胜任岗位是否进行透彻的分析<br>•对个人未来的发展和目标是否有足够的思考和清晰的规划 | 15% | （15～20分）能制定合理的未来发展目标，实现路径明确且有逻辑支撑，可实现性强 | ×× | |
| | | | （8～14分）有未来的发展目标和实现路径，但缺少逻辑支撑，存在漏洞，可实现性一般 | | |
| | | | （0～7分）有未来的发展目标但是实现路径不明确，缺少可行性 | | |
| 综合表现 | •看待问题角度<br>•语言表达是否生动流畅<br>•是否重点突出、逻辑紧密<br>•控场能力 | 10% | （15～20分）能够跳出自身岗位，站在公司角度看问题，语言表达流畅，收放自如，重点突出，控场力强，现场氛围较好，控时准确 | ×× | |
| | | | （8～14分）语言表达清晰，能够突出重点，控时准确 | | |
| | | | （0～7分）语言表达混乱模糊，重点不清，逻辑性弱，缺乏对时间的把控 | | |
| 合计 | | | | | |

（1）评价结果既来源于前期绩效考核与 360 度评估信息，也来源于干部在述职过程中，针对过往业绩的述职所反映的认知和作战能力等信息。比如除业绩结果外，评委还须考量在业绩背后，干部规划能力与解决问题能力的变化情况。

（2）原则上，综合评议的结果与绩效初评信息应该多数是一致的，若不一致，企业需要重新复盘干部评价标准、评价方式。若出现较大偏差，则需要所有评委充分讨论后方可调整，最终评定结果以综合评议结果为准。

（3）综合评议的最终结果需要由直接上级告知述职对象，同时，以发展改善为目的与述职对象做充分共识，并制订下一步的任用发展计划。

### 坚持评价结果的兑现

评价结果的兑现确实是一项复杂且重要的任务，但评价结果的兑现一方面可以促进干部队伍质量、活力和动力的持续提升，真正释放干部管理的价值；另一方面，也是企业对干部管理动作和权威的有力维护，也可避免日后干部管理工作的形式化。

一般而言，干部评价结果的兑现主要体现在以下三个方面。

（1）奖金等激励资源的分配。

干部评价结果最直接的兑现就是激励资源的分配。企业应企业可以根据干部评价结果的好坏，决定奖金包的大小、加薪的幅度、股权激励名单的进入与否、股权激励分配额度，等等。通过将干部评价结果与激励资源分配挂钩，可以有效激发干部的动力和工作积极性，从而正向引导干部提升能力并持续产出高绩效。

（2）让干部能上能下。

评价结果也是决定干部晋升或降职的重要依据。企业应根据干部的评价结果，确定其是否具备晋升或降职的资格。表现优秀、能力突出的干部通常会被优先考虑晋升，以鼓励其持续成长和发展，并匹配更高级别的职责和挑战。相反，表现不佳的干部可能会面临降职或退出干部队伍，以促使其改进工作表现，提升绩效水平。"能上能下"是评价结果兑现最重要的体现，也是通过干部管理实现"良将辈出"最重要的机制，必须坚定执行。

（3）培训与发展机会。

干部评价最为重要的价值不是结果本身，而是结果背后反映的干部能力的强弱、素质的高低，这为干部后续的培养和发展提供了方向。企业可以根据干部评价结果，确定干部需要进一步提升的能力和技能，并制订相应的培养和发展计划。这些培养和发展计划可以帮助干部提升工作能力和领导技能，更好地适应工作要求和挑战，实现个人和组织的共同发展。

总的来说，评价结果的兑现是确保评价过程有价值和有意义的关键。企业既需要设计好科学的评估机制，也需要有坚定的决心确保评价结果的兑现。

# 第4章

# 直击靶点精准激励

俗话说得好，"火车跑得快，全靠车头带"，干部就是企业这辆火车的"火车头"。企业必须给火车头加满油，干部才有干劲和动力带动火车跑得更快。而所谓"给火车头加满油"其实就是干部激励。对任何企业来说，激励资源都是有限的，如何将有限的激励资源分配好，并产生最大化的激励效果，是每个企业都孜孜以求的答案。基于我们的实践研究，我们发现，对干部群体实行靶向激励——直击靶点精准激励，可以实现用有限的激励资源创造最大化的激励效果。

## 干部激励靶向原则

虽说是干部激励，但只考虑干部的需求并不合适。企业实施激励的目的是打胜仗，赢得长期发展。因此，找准干部激励的"靶点"，需要从企业与干部两方需求的源头出发，以达到"共赢"，确保靶向激励实现四两拨千斤的效果。

企业做干部激励最核心的靶点就只有一个——打胜仗，通过打造"利出一孔"的激励体系，实现企业上下"力出一孔"，最终导向人人冲锋、打赢关键战役、实现战略目标，如图4-1所示。故从企业的角度来看，干部激励必须导向组织胜利和员工冲锋，因此必须遵循以下几个靶向原则。

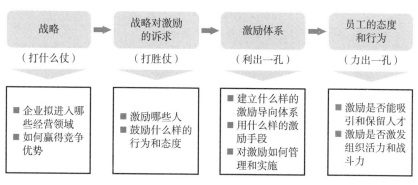

图4-1　企业战略对激励的诉求是激励能打胜仗的人

靶向原则一：先激励团队后激励个人。

根据干部的五大特征，干部是以组织和团队绩效结果来衡量其工作绩效的，因此激励团队是对干部的必然要求。

激励资源不是凭空产生的，而是由组织绩效、团队绩效和个人绩效共同决定的，但首先来源于组织绩效和团队绩效。俗话说"锅里有，碗里才有"，企业激励资源的多少首先取决于组织和团队创造的价值与业绩的大小，企业根据团队成员（含干部）贡献的差异来分配（团队）激励资源。因此，从激励和分配的逻辑上来说，企业应先激励团队后激励个人，这种激励原则可确保团队成员在追求个人目标的同时，更关注团队和组织的整体目标，激发团队合作精神和集体荣誉感，促进团队内部的协同，避免过度强调个人激励导致的团队内部畸形竞争和恶性冲突，更好地促进团队"做大蛋糕"，共同实现团队和组织目标。

靶向原则二：打破平衡，拉开差距。

干部激励要导向胜利，那就意味着能打仗的要多激励，不能打仗的就要少激励；谁打了胜仗就给谁激励，大胜大奖，小胜小奖；打败仗的不但没有激励，而且还要惩罚。

干部也会有"不患寡而患不均"的心理，为提升干部激励效果，企业应避免平均分配激励资源，防止"雨露均沾"，不能干好干坏、干多干少一个样。相反，应根据干部的责任大小和贡献程度实行差异化激励，打破平衡，拉开差距，奖罚分明，强化"多劳多得，少劳少得，不劳不得"的分配原则。此举不仅能激励干部敢打仗、多打仗、打胜仗、打硬仗，提高企业绩效，还能杜绝"劣币驱逐良币""躺平""懒政""吃大锅饭"等行为的滋生。

靶向原则三：导向长期可持续发展。

古语有云："不谋万世者，不足谋一时；不谋全局者，不足谋一域。"企业追求的不是一时的胜利、局部的胜利，而是商业上的成功以及使命、愿景的实现，这需要企业和干部长期艰苦奋斗。

仅靠金钱等物质激励手段建立的脆弱的利益关系难以绑定优秀干部，容易导致干部短视，损害企业长期利益。任正非说："要相信人内心深处有比钱更高的目标和追求，愿景、使命、价值观才能更好地激发人。"企业需要建立长期目标导向的激励机制，采用多元化的激励手段，强调企业使命与干部使命的一致，关注干部的长期发展，营造良好的企业文化和团队氛围，让企业与干部在成为利益共同体的基础上，真正成为事业共同体和命运共同体（见图4-2），塑造长期稳定的合作关系。

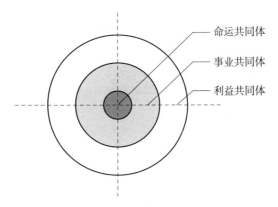

命运共同体
事业共同体
利益共同体

图4-2　企业与干部的三个共同体

干部需要"全面激励"。根据马斯洛的需求层次理论及赫茨伯格的双因素理论（见图4-3），人的需求主要分为保健因素和激励因素两大类。薪资、工作环境等都属保健因素，满足人的生存和安全需求。满足员工保健因素的需求，只能消除员工的不满，维持原有的工作效率，不能使其满意，也不能激发积极行为。而认可、尊重、成长等属于激励因素，满足了人的社交、尊重和自我实现的需求，可以让员工感到满意并激发员工更大的工作热情。所以，针对干部的需求，企业要充分保障保健因素，避免干部产生不满情绪；更要利用激励因素去激发干部的工作热情，使其持续努力工作。

靶向原则四：内外双促。

基于实践研究我们发现，干部对激励需求的靶点是"全面激励"，即不仅需要"外在激励"，更需要"内在动机"激励（见图4-4）。

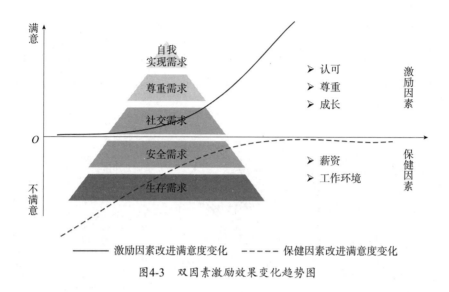

图4-3  双因素激励效果变化趋势图

图4-4  干部全面激励手段

　　外在激励方式包括了金钱与福利、肯定与尊重。外在激励偏重借助外物去肯定干部的能力和贡献，从外向内地激励干部的正向行为。内在动机激励则是让干部对工作感兴趣，感受到信任，认识到工作的意义，从而产生内驱力并主动积极做出正向行为。

　　全面激励体系中，各种激励方式在干部激励中都起着不可替代的作用，相辅相成，缺一不可。外在激励和内在动机需要保持平衡，当外在激励不足时，内在动机就会缺乏土壤，过分强调内在动机反而会起到反效果。当外在激励充分时，结合内在动机，激励效果会更好。

靶向原则五：强化工作的意义。

积极心理学之父马丁·塞利格曼在《持续的幸福》一书中阐述了提升个人幸福感的五个元素：积极情绪、投入、意义、成就和积极关系。积极情绪、积极关系和投入能给人带来当下的快乐，但工作的远大意义和成就会让人有更强的精神升华感，所以他指出真正的幸福来自"当下很快乐"且"未来有意义"。积极心理学家泰勒·本 - 沙哈尔在《幸福的方法》一书中提出幸福汉堡模型（见图4-5），他从当下、未来的时间维度以及利益与损害的效益维度分割出四种人生模式，分别为理想汉堡、素食汉堡、垃圾汉堡、最差汉堡。最理想的汉堡则是当下和未来均有益处的"感悟幸福型"汉堡，人们不但能够享

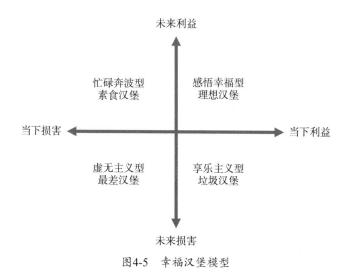

图4-5　幸福汉堡模型

受当下所做的事情，而且通过目前的行为也可以拥有更加令人满意的未来。

对干部来说，当下的快乐总是短暂的，但工作的价值和长远意义却可以带来长期的幸福，为干部提供源源不断的内在动力，即使在恶劣环境中也能激发出强大的精神力量。

真正优秀的人才都是被梦想吸引的，对干部最大且经久不息的激励就是"成为伟大事业的一部分"。历史赋予的使命与责任看似廉价，却最具吸引力。

综上所述，干部激励既要导向干部的奋斗和冲锋，又要导向企业的可持续发展。从企业的目的和干部的需求出发，科学的干部激励其实就是找到双方的"最大公约数"，实现双方激励需求的兼顾。根据研究和项目实践，我们认为这个最大公约数就是干部激励 16 字要诀：使命认同、饱和激励、长期绑定、最佳环境（见图 4-6）。

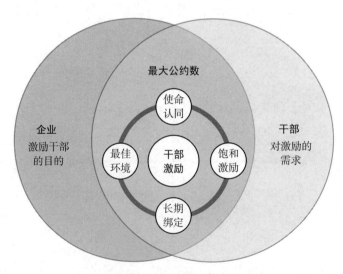

图4-6　干部激励16字要诀

# 激发干部的使命认同

稻盛和夫说："一个人只有同时具备责任感和使命感，才能满怀激情地投身事业。"无论是从企业，还是从干部的角度来说，都需要激发干部的使命认同感，让干部成为企业伟大事业的一部分。可以说，使命认同既是干部激励的起点，也是干部激励的终点。对此，企业可以通过以下三种方式（见图4-7）促进干部与企业成为命运共同体。

图4-7　使命认同的三种方式

## 明晰企业纲领

德鲁克研究发现，很少有企业认真细致地考虑企业的目标与使命，这是导致企业受挫甚至失败的最重要原因。相反，杰出企业的成功很大程度上是因为其高管能够清晰且慎重地提出"我们的事业是什么"，并且能深思熟虑，给出合理的答案。

　　为什么企业使命、愿景、价值观对企业和干部来说都如此重要，因为它回答了三个灵魂拷问式的问题（见图4-8）：

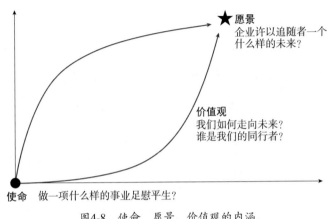

图4-8　使命、愿景、价值观的内涵

（1）做一项什么样的事业足慰平生？

（2）企业许以追随者一个什么样的未来？

（3）我们如何走向未来？谁是我们的同行者？

　　这三个问题的答案是企业的最高纲领，是企业未来发展过程中的灯塔和方向舵，可以团结干部，更能激励干部，能够让企业与干部结成一个紧密的命运共同体，因此，企业的最高纲领越清晰明确，越宏大高远，就越能激发干部的使命认同感。

　　凡是立志于企业长青的企业家，必须回到原点上思考上述三个问题。企业的使命、愿景和价值观往往来自企业创始人的初心，梳理和明晰企业最高纲领必须由一把手亲自主导，深入思考，全情参与，不能假手于人。

　　以《华为基本法》为例，从发起编写，到完成初稿，再到最终定稿，历时三年多，八易其稿，任正非全程参与并在多个场合阐释和解读这一最高纲领。之后才有了华为全体员工，特别是干部群体对华为未来目标的明确，文化思想的统一，上下同欲，指引华为走出早期"公司内部的思想混乱，主义林立，各路诸侯都显示出他们的实力，公司往何处去，不得要领"的困境，成就今日辉煌。

任正非曾要求，华为的所有干部必须学习《华为基本法》，只有读懂了《华为基本法》，才有资格做干部，才能跟上公司的节拍，融入公司的文化和事业中。

### 用使命认同选择和激励干部

使命认同是一种选择，需要企业和干部的"双向奔赴"。

企业需要建立清晰的最高纲领，并以之吸引和激励干部。对干部来说，越宏大的使命越能吸引和激励有相同梦想的人，激励效果往往越好。

1983 年的苹果远比今天渺小，乔布斯吸引当时在如日中天的百事可乐公司任总裁的约翰·斯卡利（John Sculley）加入苹果时说："你想一辈子卖糖水，还是跟着我们改变世界？"约翰·斯卡利被打动，随后加入苹果任首席执行官，他和乔布斯一起创造了当时全球最棒的电子产品"第一部 Mac"和最棒的广告"1984"，这是乔布斯与苹果走向成功的重要一步。

越高层的干部，使命认同感必须越高，越核心岗位的干部使命认同感也必须越高，必须与企业从利益共同体逐步走向事业共同体和命运共同体。干部内心对企业的认同感越强，越能对企业产生共鸣和责任感，其自我驱动力也会更强，三大效应才能充分发挥。否则，干部与企业貌合神离，必将给企业带来巨大的风险隐患。

此外，企业一定要定期对干部群体进行盘点，筛选出使命认同感强的干部，对他们委以重任；同时识别出使命认同感弱的干部，将其及时清除出干部队伍。

## 让企业与干部同频共振

企业的最高纲领源于一把手，但要高于一把手。也就是说，虽然企业的使命、愿景和价值观最初可能来源于企业创始人，但最终企业的使命、愿景和价值观要得到所有人的认同，并能指导企业的经营和干部行为，方能成为企业的最高纲领。

企业要定期召开战略共识研讨会，让干部们深度参与探讨企业的使命、愿景和价值观和战略目标（意图共识），并逐步达成市场机会、业务组合、竞争策略、实现路径、关键任务、绩效责任和行动计划的共识（具体步骤见图4-9）。这种深度参与会让干部群体更有归属感和主人翁意识，从而激发他们的使命感与责任感。

图4-9    战略共识研讨会常规步骤

除此之外，企业还应该帮助干部明确个人的使命、愿景和价值观，让其找到人生的"灯塔"。战略共识研讨会能让干部审视自己的长期目标与企业远景的匹配度，裸心会、定期绩效反馈面谈等能帮助干部逐渐理清梦想，进一步认知自我，更深层次挖掘内在追求，让干部看得更清、更远（见图 4-10）。

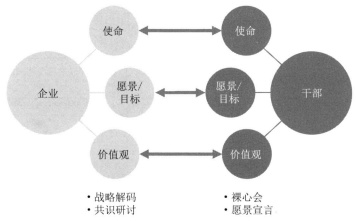

图4-10 企业与干部长期目标同频共振

　　无论企业与干部的长远追求是否一致，越早明确，对于企业和干部双方来说就越有利。一致则同频共振，相互成就，干部在企业找到归属感会更加忠诚并更有动力，逐步与企业形成事业和命运共同体。不一致则各自安好，一别两宽，干部也会因为清晰了自己的长远追求做出更合理的选择和安排。

## 饱和式薪酬激励

　　对干部群体，我们提倡要给予高饱和度的薪酬激励。饱和式薪酬激励从三个方面体现：对外水平要高、内部差距要大、加大浮动激励（见图4-11）。

### 对外水平要高

　　（1）整体收入高于市场。

　　经济基础决定上层建筑，若一直保持毫无竞争力的收入水平，干

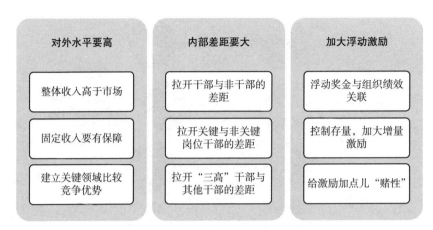

图4-11  饱和式薪酬激励的要点

部要么"躺平"不再努力，开始计较"给多少钱办多少事儿"；要么铤而走险，利用自己职务之便，靠腐败手段弥补自己的收入差距。企业不能"既要马儿跑，又要马儿不吃草"，精神层面的激励并不能代替物质激励对干部的影响。

松下幸之助在分享管理成功经验时也曾提到，"如果员工在物质方面的基本需求还没有得到满足，那么即使再强调使命感，也没有人会听得进去"。

一般来说，薪酬策略主要有领先型、跟随型、滞后型、混合型四种类型（见表4-1）。

表4-1  薪酬策略选择

| 薪酬策略 | 市场水平 | 薪酬成本负担 | 薪酬投入产出比 | 干部吸引与保留效果 | 激励导向 |
|---|---|---|---|---|---|
| 领先型 | 75/90分位 | 高 | 高 | 好 | 价值导向 |
| 跟随型 | 50分位 | 中 | 中 | 中 | 成本导向 |
| 滞后型 | 25分位 | 低 | 低 | 差 | 成本导向 |
| 混合型 | — | 中 | 不确定 | 中 | 价值和成本导向 |

我们建议企业在制定干部群体的薪酬策略时应坚定不移地选择高于市场水平的领先型，以发挥领先型薪酬的三个效用。

其一，领先型薪酬策略更能让干部满意，更能吸引并留住优秀的干部。

其二，领先型薪酬策略更能激励干部提高工作热情和效率，努力为企业创造更高的价值，提高薪酬投入产出比。

其三，领先型薪酬策略更容易让企业在优秀干部的争夺上占据主动权，同时也有利于企业向干部提出更高的绩效要求。

为充分发挥上述三大效用，干部的总体薪酬水平（包括薪资、福利、股权收益等所有现金收入）至少要对标市场75分位值（即市场上75%的企业工资水平低于这个数值）。如果企业激励资源较为紧张，建议干部岗位的薪酬至少要高于市场平均水平或高于竞争对手薪酬水平的10%。

杰克·韦尔奇说："工资最高的时候成本最低。"这是因为，从薪酬支付的成本看，领先型的薪酬成本负担较高，但从干部的工作效率提升、机会成本损失（优秀干部流失，任用一个不合格的干部）的角度衡量，高于市场的薪酬又是最经济的，因为薪酬投入产出比，即单位薪酬成本给企业贡献的收益在不断提高。

（2）固定收入要有保障。

干部的薪酬总额是由多种薪酬项目组成的，常见的薪酬项目包括固定薪资（比如基本薪资、岗位薪资）、浮动薪资（比如跟业绩相关的考核薪资、奖金、提成等）、长期激励和福利津贴，每个薪酬项目都有相应的支付原则和依据，发挥的作用也不尽相同（见图4-12）。

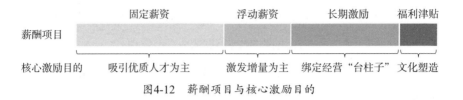

图4-12　薪酬项目与核心激励目的

固定薪资基于干部的能力、岗位确定，定期固定发放，保障干部的日常生活；浮动薪资主要依据企业和个人业绩贡献来支付，体现多劳多得；长期激励面向未来，激励对象一般是少数干部和核心人员，以实现利益长期绑定；福利津贴一般由干部所在的职级决定，体现干部的身份和级别待遇。

基于干部岗位的重要性，以及企业对干部严格选拔和任用的前提，干部岗位的固定薪资不能太低，一定要有保障性，但也不用太高，只要达到市场的平均水平（50分位）以上即可，原因有三点。

其一，有保障性的固定薪资将给干部更多安全感和归属感，使其不用太关注当下生存的问题，干部相对稳定，就可以全身心地投入工作。

其二，有保障性的固定薪资更能吸引优秀人才。相比于低薪资，高水平的薪资总额以及有保障的固定薪资水平更能吸引外部优秀干部。

其三，有保障性的固定薪资可以让干部保持一定的饥饿感。企业可以正向引导并激励干部努力创造更高业绩，通过奖金收入来提高总薪资水平。

（3）建立关键领域比较竞争优势。

如果企业确实面临成本压力，当下在薪酬水平（此处指总体薪酬）上无法做到所有干部岗位薪酬都保持领先，那至少要在关键领域上建立比较竞争优势。比如先让直接为客户创造价值的一线干部岗位、为企业提供核心竞争力的干部岗位，或者在企业战略性业务上的干部岗位的薪酬保持对同区域和行业竞争对手的比较优势，确保这些关键岗位上干部的稳定和对他们的持续吸引力。其他干部岗位暂时可以采取跟随型，甚至滞后型薪酬策略。

当然，这种做法只是权宜之计，干部群体都是"牛鼻子"岗位，都应采用领先型薪酬策略，因此企业在度过了艰难时期，业务逐渐走上正轨后，应该尽快让所有干部的薪酬回到行业领先水平上，为企业建立薪酬竞争优势。

**内部差距要大**

为了导向胜利，企业一方面要突出干部岗位的重要性，增强干部岗位的吸引力和激励性，鼓励优秀干部积极踊跃地承担更大责任；另一方面，要根据干部岗位的价值创造来进行激励资源的差异化分配，因此企业在设计干部激励体系时，一定要拉开差距，具体体现在以下三个方面。

（1）拉开干部与非干部的差距。

之所以强调干部岗位的重要性，是因为干部比非干部对企业的价值贡献更大，承担的职责更多。而干部与干部之间通常也有级别划分，不同级别干部的职责难度、影响范围以及对企业的价值贡献一般随职级的上升呈指数增长。理论上来说，不同级别干部之间的薪酬差异也应出现呈指数增长的趋势。

不过我们发现，很多企业存在核心骨干员工不愿意做干部，低级别干部不愿晋升到高级别的现象。主要原因是成为更高级别的干部责任和压力会变大，会面临更多绩效扣罚风险，但薪酬增长却不明显，总体算下来，责任和收益严重不匹配。核心骨干们不愿意转岗，甚至不愿升职做干部，导致很多企业出现干部厚度不足、梯队不合理、结构严重失衡等问题。

因此，在设计激励体系和进行薪酬资源分配时，既要拉开各级别干部群体之间的差距，也要拉开干部与非干部之间的差距。建议高层与中层间薪酬差距在100%以上，中层与基层间的薪酬差距在50%以上，干部与非干部的薪酬差距在30%以上，以达到让优秀员工愿意做干部、敢于做干部、勇于做更高级别干部的目的。

（2）拉开关键与非关键岗位干部的差距。

虽然每个企业的干部岗位都是关键岗位，但各干部岗位之间也会有关键和相对非关键之分。美国的一项研究发现，"普通岗位上优秀员工的价值创造能力大概是一般员工的4倍。而在关键岗位上，优秀员工的价值创造能力大概是一般员工的127倍"，这是由关键岗位对于企业战略目标实现的价值和意义决定的。因此，企业在设计激励体系和进行薪酬资源分配时，应体现价值贡献要与收入匹配的原则，拉开关键与非关键岗位干部的差距，建议关键岗位干部的薪酬比非关键岗位高30%以上。

（3）拉开"三高"干部与其他干部的差距。

"三高"干部是指高业绩、高能力和高潜力的干部。相较其他干部，"三高"干部无论是在当下的业绩贡献还是未来的价值创造上都更为突出，企业应通过薪酬激励机制的设计，拉开"三高"干部与其他干部之间的差距。

常用的拉开差距的方式是设置绩效系数、干部盘点系数等调节系数（绩效、盘点等级越高，系数越大），或通过岗位晋升、调整业绩奖金和调薪三者之间的相互关联来构建高薪酬与高业绩、高能力、高潜力之间的"增强回路"，放大"三高"干部的薪酬膨胀效应，使得"三高"干部越来越"薪"福。

如表4-2所示，"三高"干部因为业绩好，盘点等级高，可以获得更多的业绩奖金、更大的调薪幅度和更快的晋升速度，更快的晋升速度和更大的调薪幅度又抬升了未来的薪酬起始点，从而达到越是努力提升能力、创造业绩的干部越能享受到更丰厚的薪酬激励的效果，不断拉大"三高"干部与低效低能干部之间的差距。

表4-2 "三高"干部的薪酬膨胀效应示例

| 人才九宫格 | 绩效等级 | 绩效或盘点系数 | 调薪比例 | 晋升 |
|---|---|---|---|---|
| 1 | S | 3 | 20% | 马上晋升 |
| 2+ | A | 2 | 15% | 1年左右晋升 |
| 2 | B | 1 | 10% | 维持现有岗位 |
| 3 | C | 0.5 | 5% | 必要时转岗 |
| 4 | D | 0 | 0 | 淘汰 |
| 5 | — | 0 | 0 | 淘汰 |

须强调的是，上述拉开差距的三个方面指的是在薪酬总额上拉开差距，而非固定薪资。我们认为，固定薪资的等级和类别差距不适宜太大，这样可以减少企业内部员工和干部工资定级的矛盾，和所谓职级"不平等"的现象。但在浮动薪资、股权激励上，企业应更多强调基于价值贡献的分配原则，拉开不同等级和类别岗位贡献之间的差距，牵引干部提升能力，承担更多关键岗位职责，创造更大价值。

**加大浮动激励**

固定薪资的差距往往有限，企业要实现对干部的饱和式激励，拉开干部与非干部、优秀干部与一般干部的差距，关键是在浮动薪资（下称奖金）的设计上下功夫。浮动薪资的制度选择、干部浮动奖金与组织绩效的关系、激励干部追求更高业绩目标的方式等，都会影响干部激励的饱和度，也关乎"导向胜利"和"多劳多得"原则的体现。

奖金的制度设计要遵循两大原则。

原则一：奖金是挣来的，不是必然存在的。干部的奖金是由企业的经营情况和其创造的组织绩效共同决定的，一般先根据企业绩效提取奖金包，再根据团队绩效进行差异化激励，从而实现"力出一孔、利出一孔"的目标。

原则二：奖金是浮动的，上不封顶，下不保底。干部创造的价值越大，奖金就越多，不设上限；如果没创造业绩，不仅没有保底奖金可供分配，甚至还会影响干部的固定工资水平。

基于上述两大原则，奖金制度虽五花八门，但归根结底主要分为两种：基于绩效目标完成率核算奖金的目标奖金制，以及基于业绩提成比例核算奖金的业绩提成制（见图4-13）。任何模式都可以归为这两者的结合或变形。

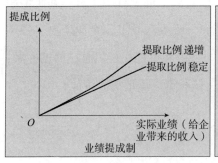

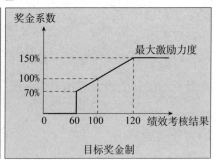

图4-13　奖金制度图示

业绩提成制：奖金包大小不定，取决于实际创造业绩的多少和提取比例，干多少拿多少，无上限，无绩效目标博弈的弊端。该制度的优势在于激励性强，方便计算，但不利于总额控制，容易导向短期和个人主义，忽视长期和整体利益。很多企业多在销售和生产等易量化业绩的一线部门实施业绩提成制，常用的业绩类指标包括销售额、利润额、毛利额、回款额、产值等。

目标奖金制：有固定的奖金包基数，实际奖金金额随绩效目标完成率上下浮动，不直接与实际业绩完成额挂钩。奖金浮动范围通常会设定上下限，该制度利于做预算及成本管控，但缺乏想象空间，且绩效目标的制定会面临企业目标与干部目标的博弈，一旦目标增幅低于成本增幅，企业利润空间就会不断被蚕食，间接增加企业的管理成本。目标奖金制通常应用在业绩成果不容易量化且相对稳定的中后台部门，很多企业对干部群体采用的年薪制都可概括为目标奖金制。

干部的激励制度选择取决于企业所处发展阶段、战略重点及干部所属部门类型的情况。如果企业处于业务拓展和成长期，主要任务是业绩增长，宜采用业绩提成制；在发展和成熟期，侧重组织能力沉淀和业务转型，则采用目标奖金制更合适。一线业务部门倾向于使用业绩提成制，简单直接；中后台职能部门倾向于使用目标奖金制，管理成本低。总体而言，业绩越易量化，变动性越大的企业或部门，越适合业绩提成制；业绩越难量化，变动性越小的企业或部门，则越倾向目标奖金制。但以上经验并非绝对，且常有方法上的变形和综合，企业须从以下三个方面入手，酌情调整。

（1）浮动奖金与组织绩效关联。

干部的核心价值体现为所负责组织和团队的绩效，因此干部的奖金额度必然受组织和团队绩效的影响。按照目标奖金制或业绩提成制，干部奖金计算方法一般可分为三种。

干部奖金金额 1 = 组织或团队绩效系数 × 奖金基数

干部奖金金额 2 = 干部提成比例 × 组织或团队业绩

干部奖金金额 3 = 干部提成比例 × 组织或团队业绩 × 组织或团队
　　　　绩效系数

比如 N 公司的一线部门干部奖金核算方案就是通过部门利润目标达成率影响干部分享比例来计算干部奖金的。

干部奖金金额 = 部门利润实际达成金额 × 干部分享比例

干部分享比例核算方式根据图 4-14 中的规则确定。

| 部门利润目标达成率A | 干部分享比例 |
| --- | --- |
| 100%以上 | 团队计提比例×（2×达成率A-1） |
| 91%至100% | 团队计提比例×达成率A |
| 81%至90% | 团队计提比例×0.9 |
| 71%至80% | 团队计提比例×0.8 |
| 70%以下 | 0 |

图4-14　N公司一线部门干部奖金核算规则举例

此外，为强化"力出一孔、利出一孔"的导向，企业也会采用先基于组织绩效得出干部所辖部门的整体奖金包，然后再采用对干部与其他员工进行二次分配的奖金计算方式。

二次分配的方式须特别注意的核心设计原则是：干部奖金应与组织绩效结果关联，但尽量与团队其他成员脱离利益关系。简单说就是干部拿多少的比例最好相对固定，避免"干部吃饱喝足，员工闹饥荒"的情况发生。比如多元化企业 A，通过使用分层设计奖金分配规则来规避之前二次分配方案的弊端。

## A企业干部分层设计奖金分配模式

A 企业是一家多元化集团型企业，旗下有多个业务板块，每个板块都有高中基三类干部群体。在确定了各个板块总奖金包的计提规则后，因为企业的财务预算穿透能力无法下达到基层业务单元，所以企业在各层级干部之间如何分配奖金包的问题上卡了壳。原先的奖金包分配方案是采用传统的岗位价值（职级／岗位系数／浮薪基数等）和绩效等级系数去分配的。

原分配方案：

干部奖金额 = 部门奖金包总额 ×（个人职级系数 × 个人岗位系数 × 个人绩效系数）/ $\sum$（职级系数 × 岗位系数 × 绩效系数）

但原方案使企业出现了经营一把手为了把其个人奖金做大，故意压低团队其他干部及员工薪酬或职级的情况。企业业务多为团战，各业务板块内的中基层管理干部是需要不断协同作战的，如果所有干部均采用固定提取比例的话，不利于内部合作。

经过反复研讨和测算，最后企业采用了干部和员工分层设计的奖金分配方式来分配板块总奖金包。

1）因对板块的直接经营结果起决定性作用的还是干部，所以在员工层面，可采用目标奖金制，只要最终获得高于市场水平的目标薪酬即可稳住大部分员工。这样也能确保员工层级的人力成本预算和核算的相对准确可控，利于培养中基层干部的经营意识。

$$员工层奖金发放金额 = 绩效奖金基数 \times 绩效系数$$

2）对经营一把手则采用团队业绩提成的方式，固定个人计提比例，让经营一把手与中基层干部脱钩，防止出现一把手"与民争利"的情况。

$$经营一把手奖金发放金额 = 所辖组织奖金包 \times 一把手计提比例$$

3）中基层管理干部则根据各负责团队的业绩贡献分配剩余成果，团队创造多大的业绩，就分给团队多大的奖金包，从而与团队成员形成利益共同体。

$$中基层管理干部奖金发放金额 = 中基层管理干部奖金包 \times$$
$$（业绩贡献 \times 难易系数 \times$$
$$组织绩效）/\sum（业绩贡献 \times$$
$$难易系数 \times 组织绩效）$$
$$中基层管理干部奖金包 = 所辖组织奖金包 - 经营一把手奖金$$
$$发放金额 - 员工层奖金发放金额$$

（2）控制存量，加大增量激励。

干部上接战略下控执行，他们是否敢于挑战高难度目标决定了企业业绩的上限。企业业绩的增长是干部拿到更多奖金的先决条件，业绩长期无增长的企业无法支撑干部的饱和式激励。

为弱化企业与干部的目标博弈，导向可持续增长，建议企业在设置奖金包时，将存量业绩和增量业绩分段计算。存量是刚性底线，增量是持续追求。"存量"是指企业上一周期的业绩完成额，也是本期的底线业绩目标，企业针对这部分业绩达成情况可采用目标奖金制；

"增量"是指超出上一周期业绩完成额的增加部分，企业针对这部分业绩达成情况可采用业绩提成制，且上不封顶，保持开口，激励干部不断做大业绩蛋糕。这种设置一方面控制了激励成本，防止干部躺在功劳簿上懈怠；另一方面，通过增量激励促进干部持续奋斗，实现业绩增长。

如图 4-15 所示的 K 公司，在设计奖金包的计算规则时，把存量业绩作为门槛目标要求，如果企业今年业绩低于去年业绩水平，则奖金包"归零"；如果今年业绩相比去年业绩增长在 20% 以内，则今年的奖金包＝去年奖金包 ×（1+ 今年业绩增幅）/120%；如果今年业绩相比去年业绩增长为 20% 及以上，干部和团队不但能拿到去年的奖金包，而且超出 20% 的业绩增长可以按更高的提成比例提取奖金包。业绩越高，奖金包越大，且上不封顶。

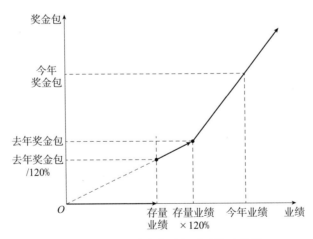

图4-15　K公司奖金发放规则设计示意图

可以看出，上述奖金计算规则设置了加速及打折机制，加速是为了鼓励创造增量，激发干部的斗志；打折则旨在让干部不要"吃老

本"，要不断超越过去，追求卓越，这就是阿里巴巴说的"昨天的最好
表现是今天的最低要求"。

　　企业可根据自身业务所处发展阶段、外部市场竞争格局、市场空
间特点等因素综合考虑，在不同业务场景下灵活采取下述不同的存量
和增量激励模式（见图4-16）。不管使用哪种模式，增量业绩的激励力
度一定要大于或等于存量业绩的激励力度。

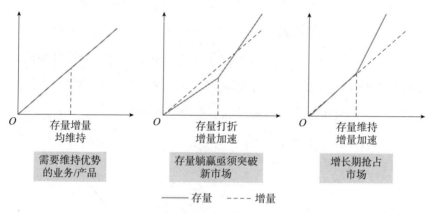

存量增量　　　　存量打折　　　　存量维持
均维持　　　　　增量加速　　　　增量加速

需要维持优势　　存量躺赢亟须突破　　增长期抢占
的业务/产品　　　　新市场　　　　　市场

——存量　---- 增量

图4-16　不同业务场景对应不同存量和增量激励模式

　　为防止出现奖金包提取过高或过低，造成过度激励或激励不足的
问题，奖金提取比例的设置非常关键，一般有三个参考来源。

　　来源一：企业过去的总薪资包占比。

　　来源二：同行企业特别是标杆企业人力成本的占比。

　　来源三：企业自己的人力成本管控要求。

　　企业可以根据上述三种来源，结合每年的业绩目标来灵活设置提
取比例，并根据年终分配情况进行不断修正。比如华为就是基于过去
三年人力成本占销售收入、利润和回款的比例，通过加权平均的方式
来计算每年的薪酬提取比例（见图4-17）。

$$薪酬包=（收入×收入系数×权重1+利润×利润系数×权重2+回款×回款系数×权重3）+战略/肥力薪酬包$$

$$业绩生成\begin{cases} 收入系数=50\%×\left(\dfrac{薪酬总包}{收入}\right)_{year-1}+30\%×\left(\dfrac{薪酬总包}{收入}\right)_{year-2}+20\%×\left(\dfrac{薪酬总包}{收入}\right)_{year-3} \\ \\ 利润系数=50\%×\left(\dfrac{薪酬总包}{利润}\right)_{year-1}+30\%×\left(\dfrac{薪酬总包}{利润}\right)_{year-2}+20\%×\left(\dfrac{薪酬总包}{利润}\right)_{year-3} \\ \\ 回款系数=50\%×\left(\dfrac{薪酬总包}{回款}\right)_{year-1}+30\%×\left(\dfrac{薪酬总包}{回款}\right)_{year-2}+20\%×\left(\dfrac{薪酬总包}{回款}\right)_{year-3} \end{cases}$$

注：战略/肥力薪酬包是华为为实现特定战略目标或为在特定领域提升自身能力和可持续发展潜力而专门设计的激励资源包，不直接与业绩相关。

图4-17 华为薪酬包生成公式

资料来源：卞志汉.科学分钱：学习华为分钱方法，解决企业激励难题 [M].北京：电子工业出版社，2020.

（3）给激励加点儿"赌性"。

为了减少干部与企业在业绩目标制定时的博弈，企业还可以采取"多报多得，少报少得"这种类似"对赌"式的激励模式。

在确定目标关联奖金时，企业可设置阶梯式的计提关系，干部敢挑战的目标越高，实现后可享受的计提比例越高。但如果年初干部认领的目标低，就算年底超额完成了目标，企业也只能按年初干部认领的目标所对应的计提比例计算奖金包。

为了避免干部目标设定过于激进或不切实际，浪费企业资源，企业须分析目标设定的依据，并将目标科学、严谨地分解至季度或月度。干部只有在完成目标序时进度的情况下才可以按照奖金提取规则提取奖金。企业一旦发现实际完成情况与目标偏差较大，应及时采取动作调整，比如冻结预算，调整目标及回报比例，人员汰换等。这种激励约束机制的设计，既可鼓励干部设定挑战目标并积极完成，也可约束干部，避免干部设定目标过于冒进造成企业计划不准，预算资源浪费。

　　贸易公司 M 为了激励销售团队挑战高目标，将目标设置为 5 档，分别对应不同的业绩目标和奖金提取比例，奖金提取比例根据业绩目标的难易程度依次递减（见表4-3）。销售团队于年初自主认领 1 档目标，年底达成则兑现 8% 的奖金提取比例；即便最后仅完成了 3 档目标，也可兑现 2% 的奖金提取比例。但如果年初认领目标为 4 档，即使年底业绩超出预期达到 2 档水平，也只能按 4 档的奖金提取比例 1% 来兑现。

表4-3　贸易公司M销售团队奖金计提规则示例

| 业绩目标档 | 目标业绩（百万元） | 奖金提取比例 |
| --- | --- | --- |
| 1档 | 700 | 8% |
| 2档 | 600 | 4% |
| 3档 | 500 | 2% |
| 4档 | 400 | 1% |
| 5档 | 300 | 0.5% |

　　某团队负责人年初确定目标为 1 档，且分解到各个季度。每个季度在达成当季度分解目标的情况下，该团队可根据实际完成值按照 8% 提取奖金。但如果当季度目标没有达成，且累计实际完成值也小于累计目标值，则该季度奖金为 0。如果当季度目标没有达成，但累计实际完成值大于或等于累计目标值，则仍可基于当季度实际完成值，按照 8% 提取奖金。

　　需要提醒的是，上述薪酬奖金计算的规则无论如何设计，务必简洁、清晰，便于企业内部管理核算，也便于干部清晰地计算自己的未来收益。除此以外，对于所有薪酬管理机制与规则，企业应进行全员宣贯，并与干部进行沟通确认。除非出现不可抗力，承诺的激励必须及时刚性兑现。

# 用实股绑定事业合伙人

薪酬激励，说到底就是企业用短期利益的分配与干部建立利益共同体，但优秀的企业一定会引导干部从追求短期利益转向追求长期利益，从利益共同体走向事业共同体和命运共同体。

股权激励是企业股东激励经营管理者与核心员工着眼于企业长期利益、共同努力实现长期发展目标的一项激励机制。善用股权激励，企业可以吸引并长期绑定更多优秀干部，助力企业实现战略目标的同时，共享发展的成果；干部会更愿意与企业荣辱与共，共创未来，成为真正的"事业合伙人"甚至"命运合伙人"。

## 实股是同路人的勋章

股权激励工具主要分为实股和虚股两类，二者有明显的差异，各有优势（见表4-4）。如"虚拟股权""成长分享计划"，以及华为首创的TUP（时间单位计划），都是虚股激励工具，本质上是借用了股权激励外壳的现金激励。从权益角度看，上述股权工具的激励对象并没有获得企业的所有权和投票权，本质还是分利不分权，企业与干部之间还是停留在利益共同体阶段。对于优秀干部，企业若想要与其建立真正的事业合伙关系，一定要舍得用"实股"激励。

表4-4 实股和虚股的区别

| 区别点 | 实股 | 虚股 |
|---|---|---|
| 关系本质 | 出资人之间的股东关系 | 企业与员工的劳动合同关系 |
| 与企业的关系 | 共同出资、共同经营、共担风险 | 劳方与资方 |
| 权益 | 所有权、增值权、分红权 | 增值权、分红权 |
| 适用人群 | 核心中高层干部 | 所有员工 |

（续）

| 区别点 | 实股 | 虚股 |
| --- | --- | --- |
| 优点 | 激励对象归属感强，激励效果显著，绑定更牢固 | 不影响企业股权结构，操作简单灵活 |
| 缺点 | 额度有限，实施复杂，风险较大 | 激励性弱，绑定较松，企业现金流压力大 |

实股是对优秀干部的最高认可。"实股"是激励性最强、认可度最高的外在激励工具。从经济性看，实股是经济价值最高的激励工具，拥有实股，就拥有了相应的分红权和增值权，只要企业保持良好的发展，其长期经济收益非常可观；从权益性看，干部拥有实股就实现了身份的转变，从员工变成股东，拥有了相应的所有权权益，能够参与企业日常的经营决策，成为企业的主人，相当于拥有了自己的事业，这是企业对干部最高的认可，也是同路人的"勋章"。因此，实股是企业长期绑定干部的最佳激励工具。

优秀干部值得用实股激励。优秀干部是企业未来发展中最宝贵、最稀缺的资产和财富，是每家竞争对手企业都会虎视眈眈、没有机会也会创造机会去竭力抢夺的资源。对于优秀干部，企业一定要用激励性最强、认可度最高的工具去牢牢绑定他们。

当然，考虑到实股的稀缺性和风险性，实股激励对象的选择应遵循"严进严出"原则，只有价值观一致性高、能力强、业绩好的优秀干部才是实股激励对象。对于不达标准的干部，即使再位高权重也不能授予实股激励。

## 小额、高频、滚动式激励效果更强

根据实施特点，可以将实股激励总结为两大类型——造富型和事业型，区别如表 4-5 所示。

表4-5　事业型和造富型的区别

| 区别点 | 事业型 | 造富型 |
|---|---|---|
| 激励额度 | 单次额度适度，保持激励性的同时，未来激励空间大 | 授予额度较大，存在激励过度，未来激励空间小 |
| 频率 | 高频率实施，至少每年实施一次 | 低频率实施，多年内可能只有一次 |
| 连续方式 | 滚动、并行、连续实施 | 串行实施，甚至中断数年 |
| 优点 | 操作灵活、可控，干部激励保留能力强 | 操作简单 |
| 缺点 | 操作复杂，管理成本比较高 | 不够灵活，激励不及时，存在过度激励，易引发离职潮 |

实践研究发现，为实现对优秀干部的持续激励、长期绑定，小额、高频、滚动这种事业型的激励方式更优，被众多标杆企业所采用。从企业层面来看，在激励支出额度不变的情况下，小额的激励方式操作可控性和灵活性更强，也可以深度绑定优秀干部；从干部角度来看，高频、滚动的激励模式可以给予干部更多及时被激励、被认可的机会，激励感知更明显，激励效果更好。

（1）小额：控制激励额度。

"小额"是指在满足干部激励强度的前提下，控制激励额度，实施股权激励，一次性不释放过多。这种模式既可以保证当期的激励效果，与干部的阶段性表现实时平衡，又不会造成激励过度，影响企业股权结构的稳定性和未来股权激励的可持续性。

"小额"不是追求绝对的小，不能影响干部股权激励的效果。根据实践经验，结合外部股权激励力度调查，我们建议每次股权激励授予干部的股权额度可参照表 4-6 所示的强度进行控制。

表4-6 "小额"激励强度的经验值

| 干部类型 | 激励强度 |
|---|---|
| 高管 | 年薪：股权价值=1：2 |
| 前台（业务一线）干部 | 年薪：股权价值=1：1.5 |
| 后台（服务支持）干部 | 年薪：股权价值=1：1 |

（2）高频：增加激励频率。

在控制激励额度的前提下，企业要提升股权激励计划实施的频率，每次激励计划间隔的时间不宜过长，最好每年启动，并长期持续。全球知名人力资源咨询机构美世咨询的调研结果显示（见图4-18），接近70%的中国上市企业每年至少会实施一次股权激励计划。

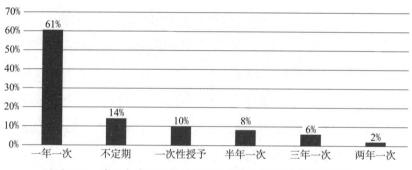

图4-18 美世咨询2021年关于股权激励授予频次的调研结果

采取"高频"激励对企业来说至少有两大优点：一是可以随时增补和调整激励对象，及时、持续肯定优秀干部的表现，对干部的激励和保留能力强；二是激励方案可以根据企业发展情况及时调整，灵活性比较高。

为了引导干部"做大蛋糕，增量分享"，避免出现企业业绩没增长但仍要启动股权激励的情况，企业可以设置每年股权激励计划的"启动条件"，比如"当年销售额、利润增长必须超过30%"等。达成当年的启动条件则实施股权激励；未达成启动条件，则不实施。

（3）滚动：增强激励效果。

"滚动"是指企业在高频实施股权激励计划过程中，每期股权激励计划的股权非一次性归属，而是分年分期有条件地归属。一期股权激励计划没有结束又启动下一期股权激励计划，多期股权激励计划的授予存在重叠（见图4-19），这种激励操作方式也被称为"滚动授予，分期归属"。

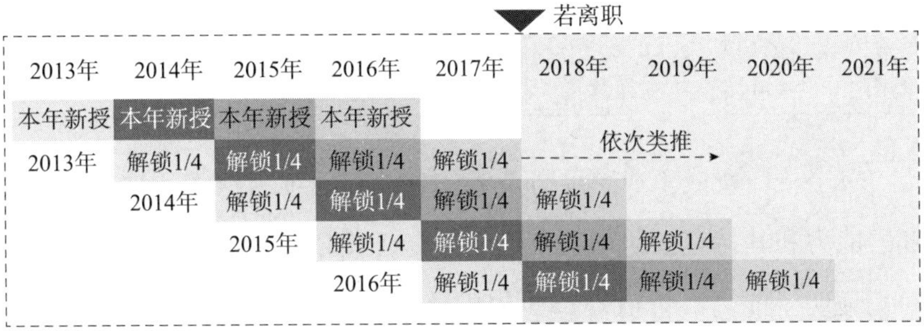

图4-19 "滚动授予，分期归属"示例

在"滚动"激励模式下，企业每年股权激励计划授予干部的股权额度都设有归属期限（一般3～5年）和归属条件，只有在达成每年的归属条件的情况下，干部才能兑现和拥有相应份额的股权；如果归属条件没有达成，企业则不授予干部相应份额的股权。

从过往的实践经验来看，股权激励的归属条件一般有两种：

一种是时间条件，比如分4年，每年匀速归属25%；或者第一年10%，第二年20%，第三年30%，第四年40%，逐年递增。国外常见的是4年或5年归属，比如特斯拉采用的是干满1年归属1/4，剩下的每月归属1/48这种模式。

另一种是业绩或关键里程碑条件，比如市场份额、活跃用户数、销售额、利润、绩效成绩，等等。业绩条件的约束对象可以是企业、二级组织，也可以是干部本人，比如表4-7中美的集团首期限制性股票归属条件的设置。

表4-7　美的集团首期限制性股票归属条件

| 行权期 | 行权条件 |
|---|---|
| 第一次解除限售期 | 2017年的净利润不低于前三个会计年度的平均水平；通过单位年度经营责任制的考核结果；通过个人业绩考核 |
| 第二次解除限售期 | 2018年的净利润不低于前三个会计年度的平均水平；通过单位年度经营责任制的考核结果；通过个人业绩考核 |
| 第三次解除限售期 | 2019年的净利润不低于前三个会计年度的平均水平；通过单位年度经营责任制的考核结果；通过个人业绩考核 |

对于新产业或不成熟业务，我们建议以业绩为约束条件，因为干部的能力和其持续的价值贡献的不确定性比较高；对于成熟行业或已经被证明了能力、价值观都比较出色的干部，可以时间为约束条件。当然，业绩或关键里程碑约束条件也可以与时间约束条件进行组合设置。

总体看来，"滚动"激励模式拉长了企业对干部绑定的时间周期。虽然每期股权激励计划额度分多年归属会造成每年能获得的额度较小，但多期股权激励计划的叠加使得干部每年可获得的股权累计总额度相当可观，增强了干部激励的效果，无形中也增加了干部的离职成本和竞争对手挖猎的成本。

这种模式体现了股权激励计划"强激励、高约束"的设计思想，既保证了优秀干部获得更高和长期稳定的激励；也确保了干部不躺在功劳簿上，每年持续贡献业务和投入精力，可以支撑企业不断发展进步，因此激励效果更好。

美的集团小额、高频、滚动的股权激励模式

2013 年美的集团整体上市，2014 年推出首期期权激励计划，至 2023 年 5 月已经累计实施 9 期股票期权激励计划、7 期限制性股票激励计划、8 期全球合伙人激励计划、5 期事业合伙人激励计划和 1 期员工持股计划（见表4-8）。每年至少实施 1 期，2018～2022 年这五年间，每年实施 4 期股权激励计划。

表4-8 美的集团历年股权激励实施情况

| | 2014年 | 2015年 | 2016年 | 2017年 | 2018年 | 2019年 | 2020年 | 2021年 | 2022年 | 2023年 |
|---|---|---|---|---|---|---|---|---|---|---|
| 股票期权激励计划 | √ | √ | √ | √ | √ | √ | √ | √ | √ | |
| 限制性股票激励计划 | | | | √ | √ | √ | √ | √ | √ | √ |
| 全球合伙人激励计划 | | √ | √ | √ | √ | √ | √ | √ | √ | |
| 事业合伙人激励计划 | | | | | √ | √ | √ | √ | √ | |
| 员工持股计划 | | | | | | | | | | √ |

以美的集团激励高管级干部的全球合伙人激励计划为例，我们研究发现其激励额度经过了仔细的测算，每年人均激励成本大概在 500 万～1200 万元之间（见表4-9），基本相当于高管级别干部的全年现金收入额，激励强度合适——既有激励性，又不过度激励。

表4-9 美的集团前五期全球合伙人激励计划安排

| | 2015年 | 2016年 | 2017年 | 2018年 | 2019年 |
|---|---|---|---|---|---|
| | 第一期 | 第二期 | 第三期 | 第四期 | 第五期 |
| 激励总额度 | 648万股 | 258万股 | 285万股 | 332万股 | 373万股 |
| 市场购买价格 | 34.85元 | 30.69元 | 34.77元 | 54.98元 | 49.79元 |
| 资金来源 | 公司计提的持股计划专项资金，员工不出资 | | | | |

（续）

| | 2015年第一期 | 2016年第二期 | 2017年第三期 | 2018年第四期 | 2019年第五期 |
|---|---|---|---|---|---|
| 激励成本（元） | 1.15亿 | 0.805亿 | 0.99亿 | 1.825亿 | 1.85亿 |
| 专项资金金额占上一年度经审计的合并报表归母净利润的比例 | 1.0% | 0.6% | 0.6% | 0.98% | 0.92% |
| 人均激励成本（元） | 733.33万 | 536.67万 | 660万 | 912.5万 | 1156.25万 |
| 当年净利润（元） | 138亿 | 159亿 | 172亿 | 202亿 | 242亿 |
| 当年激励成本占当年净利润的比例 | 0.72% | 0.51% | 0.58% | 0.90% | 0.76% |

　　研究还发现，2022年60%左右的A股上市公司股权激励计划的实施周期为4年，20%左右的A股上市公司为5年，美的集团的平均激励周期在5年左右，一般是1+4或2+3模式（见表4-10），与A股市场平均水平相比激励周期偏长。不过，考虑到美的集团整体的激励范围和强度，我们认为它仍处于一个相对合理的周期水平。美的集团每年的股权激励计划基本上都是按照"分期归属"的方式进行授予。

表4-10　美的集团股权激励周期

| 激励计划 | 周期 | 2014年 | 2015年 | 2016年 | 2017年 | 2018年 | 2019年 | 2020年 | 2021年 | 2022年 | 平均周期（年） |
|---|---|---|---|---|---|---|---|---|---|---|---|
| 股票期权激励计划 | 等待期（年） | 1 | 1 | 1 | 1 | 2 | 2 | 1 | 2 | 2 | 1.4 |
| | 行权期（年） | 4 | 4 | 4 | 3 | 4 | 4 | 3 | 3 | 3 | 3.6 |
| | 总计（年） | 5 | 5 | 5 | 4 | 6 | 6 | 4 | 5 | 5 | 5.0 |
| 限制性股票激励计划 | 等待期（年） | | 1 | 1 | 1 | 1 | 1 | 1 | 1 | 1 | 1.0 |
| | 行权期（年） | | 5 | 3 | 3 | 3 | 3 | 3 | 3 | 4 | 3.4 |
| | 总计（年） | | 6 | 4 | 4 | 4 | 4 | 4 | 4 | 5 | 4.4 |

（续）

| 激励计划 | 周期 | 2014年 | 2015年 | 2016年 | 2017年 | 2018年 | 2019年 | 2020年 | 2021年 | 2022年 | 平均周期（年） |
|---|---|---|---|---|---|---|---|---|---|---|---|
| 全球/事业合伙人激励计划 | 等待期（年） | | | | 1 | 2 | 2 | 1 | 2 | 2 | 1.7 |
| | 行权期（年） | | | | 3 | 4 | 4 | 3 | 3 | 3 | 3.3 |
| | 总计（年） | | | | 4 | 6 | 6 | 4 | 5 | 5 | 5.0 |

　　从激励效果来看，自2014年开始实施股权激励计划以来，美的集团实现了三次成功的战略转型，2022年人均创收水平相比2013年提升了约87%，复合增长率约为6.45%；2022年人均创利水平相比2013年提升了约265%，复合增长率约为13.83%（见图4-20），经营规模、经营效率不断提升，股权激励的持续、有效实施提升了企业的发展质量。

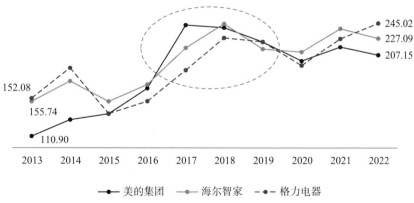

图4-20　美的集团实施股权激励后人均效益趋势行业对比

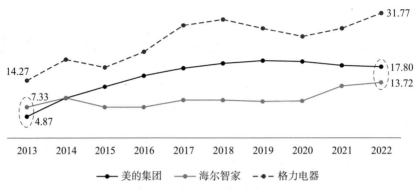

图4-20    美的集团实施股权激励后人均效益趋势行业对比（续）

# 创造最佳工作环境

人力资源综合平台CGP集团在2024年发布的《2024职场展望与薪酬趋势》报告指出，所有人才在评估新工作机会时，除薪酬福利方面的考虑外，51%、31%和25%的被访者优先考虑的三大因素分别是职业晋升空间、企业文化以及对工作内容的兴趣和热情；第二梯队的因素则是领导管理方式、工作生活平衡以及工作环境稳定（见图4-21）。该机构通过对比2023年的结果发现，企业文化、工作生活平衡以及工作环境稳定的重要性较2023年有明显的提升。

图4-21    摘自CGP《2024职场展望与薪酬趋势》报告

当目标（使命）非常明确，燃料动力（工资、奖金、股权等激励手段）也已到位时，缺的就是给干部施展才华创造一个最佳的工作环境。

最佳工作环境不仅是指美好的办公环境、硬件设施条件，更是指富有挑战性的工作机会、信任授权的空间以及杰出的同事等这些软环境，如图4-22所示。相较于硬环境，三大软环境对于干部内在动力的激发起到更加重要的作用。

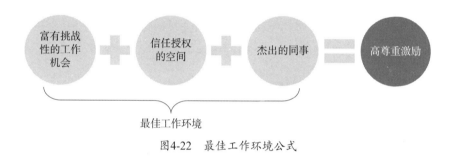

图4-22 最佳工作环境公式

## 工作最大报酬在于工作本身

富有挑战性的工作机会本身就是犒赏。积极心理学奠基人之一米哈里·契克森米哈赖研究发现，"50%以上的人在工作时觉得，当面临更高挑战，能运用自身能力水准以上的技巧时，更容易获得'心流'体验"，如图4-23所示。诺贝尔经济学奖得主赫伯特·西蒙说："对人类而言，在摆脱了饥饿之后，有两种需求变得极为重要，一种最深刻的需求就是运用技能完成具有挑战性的任务，并从中获得巨大快感；另一种需求就是与少数其他人建立起有意义的真诚的关系。"

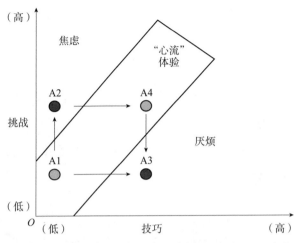

图4-23    "心流"体验与任务挑战性及技巧之间的关系

有挑战性的工作更能激发干部的兴趣和激情，给干部带来成长和成功，为企业带来胜利，企业用富有挑战性的工作机会来犒赏干部无疑是一件双赢的事情。

但要注意，给予干部有挑战性的工作的同时要给予其相应的支持和指导。企业应建立领导者应与干部定期沟通反馈机制，以教练技术，赋能干部，及时给予必要的关心和支持，帮助干部达成有挑战性工作的目标，收获成就并成长。

## 充分授权给予干部合理空间

越是优秀的干部，越需要企业给予空间和信任，减少管控。有关机构研究显示，企业员工离职排名第一的原因就是"得不到信任和尊重，内心的力量和追求得不到激发"。

硅谷名企奈飞公司的成功管理秘诀是"两高一低"——高人才密度、高坦诚度和低管控度，并竭尽全力打造"自由与责任"的文化

（见图4-24）。它认为，在高人才密度和高透明文化的基础上，对员工最有效的管理和激励就是明确责任，充分放权。对于干部来说，更应如此。

第一步
打造高绩效的员工团队，提高人才密度
鼓励互相反馈，引入坦诚文化
通过取消休假、差旅及报销制度，逐步取消管控

第二步
支付市场最高薪资，进一步提高人才密度
增强企业内部透明度，提升坦诚度
通过取消决策审批，消除更多管控

第三步
通过员工留任测试，
实现人才密度最大化
通过反馈循环，
实现最高坦诚度
通过情景设定，
取消多数管控

图4-24 奈飞管理秘诀——"两高一低"

不过，企业要牢记干部授权的三个原则，否则授权不当，不但起不到对干部的激励作用，还可能给企业经营带来风险。

授权的第一原则：基于胜任，而不仅是信任。对当下意愿足够强和能力准备度高的干部，企业应敢于迈出第一步。一旦任命就充分授予干部与岗位和能力相匹配的权利，给予其充分施展才华的空间和舞台。这是一种信任，更是一种激励。对于胜任度不高或相对不够成熟的干部，企业还是应该谨慎授权。

授权的第二原则：授权清晰，集权适度。企业要制定自己的《分权手册》，用清晰的规章制度界定企业各层级和各岗位干部所享有的权利，以实现集分权适度，避免出现"一管就死，一放就乱"的情况。

既要保证上级对重大事项的控制力和约束力，又要充分调动干部的积极性和灵活性。

授权的第三原则：授权后明确目标责任，及时跟进关注。授权不等于不管，信任不等于放任。授权后，企业一定要与干部界定好目标和责任，并明确工作过程中干部应遵循的沟通和汇报机制，上级要及时给予必要的支持，帮助干部取得成功。

## 与杰出的伙伴同行

在《奈飞文化手册》一书中，奈飞前CHO帕蒂·麦考德分享了她在奈飞进行了一次痛苦的大规模裁员之后的发现：留下的人都是高绩效的……你能够为员工做的最好的事情，就是只招聘那些高绩效的员工来和他们一起工作。这可远比桌上足球、免费寿司、一大笔签约奖金或者股票期权更有吸引力。优秀的同事、清晰的目标和明确的成果，这些因素放在一起将成为一个强大的组合。

人们都希望与信任和钦佩的同事一起成就事业。企业不遗余力地提高整个企业的人才密度，把优秀的人才请进来，把不合格的人清出去，打造高绩效的企业文化，让干部身边充斥着优秀的伙伴，然后携手努力完成一些有成就感的事情，这是所有职场人都向往的工作环境，也是对干部最有力的激励措施之一。

我们研究发现，标杆企业非常擅长在饱和激励和长期绑定干部的基础上，让激励方式的重心向下方倾斜，强调和重视干部对"使命认同和最佳工作环境"的感受。因为这两种激励能让干部在拥有强大内驱力和持续、稳定地输出业绩的同时，与企业建立长期且牢固的情感纽带。

从企业和干部需求的角度出发，虽然外在的激励手段必不可少，但想要更长久、更稳定的激励效果，必须强化内在动机。从内在动机入手，激发干部的兴趣，给予其信任让其对自我有掌控感，激发其使命认同感，强化其组织承诺，从而实现更全面、长效的激励。

正如帕蒂·麦考德所说，伟大的团队是这样的团队："其中的每一位成员都知道自己要前往何方，并愿意为此付出一切努力。建立伟大的团队靠的不是激励、程序和福利待遇，而是招聘成年人，渴望接受挑战的成年人，然后清晰而持续地与他们沟通他们面对的挑战是什么。"

# 第5章

# 转动干部高效培养飞轮

干部培养是一项让企业家又爱又恨的管理工作，恨是因为干部培养需要企业投入较高的成本（包括金钱和时间），但培养效果往往不明显，经常出现的结果要么是无论怎么培养干部都不堪重用，要么是培养起来了人却要走了。种种因素让很多企业对干部培养望而却步，转而寻求用短平快的方式获取干部——外招，但尴尬的是外招的干部"阵亡率"比较高。

爱是因为对大多数致力于长期可持续发展的企业而言，干部培养是一项必做的工作。从企业角度来说，此举保障合格干部的持续供应，避免过度依赖外部招聘的局限性。实践证明，通过内生机制培养的干部，往往更能适应企业文化，忠诚度更高，其成功率亦相对较高。

从干部自身角度来说，每个干部都有个人职业发展的需要。通过参与培养，干部可以不断提升自己的能力和素质，增强自身竞争力的同时，实现职业规划目标，为个人的成长和发展打下坚实的基础。

# 干部高效培养飞轮

我们发现很多企业在干部培养上存在三个常见的误区，这些误区直接导致了干部培养的质量不高，效果不明显：

首先，最大的一个误区是，以为培训就是培养。企业只是采购一些课程，邀请一些名师给干部们上上课，而没有长期、系统地规划和设计培养内容、培养形式、培养周期等。殊不知培训不等于培养（区别见表5-1），培训只是培养中的一种形式和过程，而企业要的是培养而不是培训，企业要的是"成才""人才胜任度"而不是"课时数""人次""培训满意度"，没有培训也可以有培养。

表5-1 培养与培训的区别

| 维度 | 培养 | 培训 |
|---|---|---|
| 定义 | 按照一定目的长期教育和训练，使被培养者成长 | 给受培训者传授完成某种行为必需的思维认知、知识和技能的过程 |
| 时间 | 长期连续 | 短期间歇 |
| 对象 | 一对少 | 一对多 |
| 内容 | 综合素质 | 认知、知识、技能 |
| 形式 | 个性定制，强调"721"原则 | 通用性，课堂式传授 |
| 成本 | 高 | 低 |
| 目的 | 胜任岗位，职业成长 | 学习知识，掌握技能 |
| 结果 | 成才数、人才胜任度 | 课时数、人次、培训满意度 |

其次，以为谁都能培养，把培养做成福利。企业在干部培养上不做筛选，秉持"人人都学学，没有坏处"的原则，缺乏明确的培养对

象筛选标准，也不清楚需要培养哪些能力和素质，导致干部培养工作缺乏针对性和有效性，培养过程存在较大的主观性和随意性，稀缺的培养资源被"雨露均沾式"地浪费，培养效果差。

最后，以为任何能力和素质都能培养。企业在干部培养内容、培训课程设置上不做区分和选择，除了希望让干部掌握必要的知识、技能外，还奢望改变干部的性格、价值观和内在动机，最后发现知识、技能掌握起来相对容易，但要影响和重塑一个人的价值观、特质那是相当困难的，即使花费再多的时间和精力，也收效甚微。所以，从投资回报率和效率的角度来讲，不要试图培养干部所有的素质，特别是那些难以改变的素质，否则会得不偿失。

总体来说，干部培养虽是一项长期且系统的工程，但从企业发展和干部自身成长角度，企业和干部都希望能实现更加高效的干部培养和发展，因此，企业一定要转动干部高效培养的飞轮来加速干部培养，如图5-1所示。

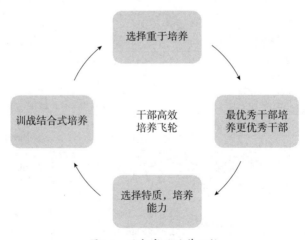

图5-1　干部高效培养飞轮

### 选择重于培养

企业一直试图提高干部培养的效率，但事实上，干部培养的效果在培养对象被选拔的那一刻基本就决定了。人才选拔与培养方面的世界级的权威莱尔·斯潘塞曾说："你可以训练火鸡爬树，但我宁可雇用松鼠。"

华为对此就看得特别清楚。虽然华为特别重视干部培养，推出了如针对中基层管理干部的"FLMP项目"、针对后备干部的"青训班"、针对高级干部的"高管研讨班"，但华为的干部培养理念是"坚持选拔制"。任正非在华为大学干部高级管理研讨班上讲："我们不搞培养制，我们没有责任培养你，我们是选拔制，选拔更优秀的人上来。在全公司和全世界范围内选拔优秀者，落后者我们就淘汰。"有该理念的不仅是华为，以人才培养著称的宝洁、龙湖集团、阿里巴巴等标杆企业，其培养理念都是"人才选择重于人才培养，先选择后培养"，先选拔出真正具备培养价值和培养潜力的干部，再重点根据培养对象实施培养，这样的干部培养模式才是最高效的。

从企业的角度来说，培养资源是稀缺且珍贵的，干部培养因其要求高、时间长、方式多、实践性强等特点，花费的成本一般比较高，而且普遍规律是越重要的岗位培养成本越高。比如企业培养高管乃至接班人，需要经年累月的资源投入，背后的成本绝对是以百万、千万甚至亿元计的。所以培养资源的投入一定是以选择能最大化企业价值的"潜力股"为前提。

因此，干部选拔是干部高效培养的起点，干部培养对象的选拔必须满足下述三个优先。

### 1. 关键岗位优先

正如第 1 章所述，企业中的岗位存在关键和非关键之分。关键岗位直接影响企业战略目标的实现，其价值创造能力强，对企业的影响大，而且，一般关键岗位上的人才相对比较稀缺，培养周期长、培养难度大，所以企业在培养资源紧张的情况下，应该优先选择关键岗位上的干部进行培养。企业应该通过"解读战略诉求→盘点组织能力诉求→识别人才诉求"这三大步骤（见表 5-2 示例）来推导哪些岗位为关键岗位，进而框定培养对象的选择范围。

表5-2  关键岗位推导步骤

| 解读战略诉求 | 盘点组织能力诉求 | 识别人才诉求 |
| --- | --- | --- |
| 布局新的市场 | 市场开拓能力<br>经营品牌形象能力<br>创新性营销 | 营销管理干部<br>品牌经理 |
| 开拓产品应用场景 | 产品设计能力<br>商务洽谈能力 | 设计总监<br>招商经理 |
| 供应链提速 | 供应商开发<br>供应链管理 | 采购总监 |

### 2. 价值观匹配和业绩出色者优先

如果用管理工具"人才九宫格"（见图 5-2）去识别和区分企业中的干部，每个企业可能都存在六种类型的干部，但合适的培养对象则是 1 类、2+ 类和 2 类。因为他们的价值观与企业一致，也在各自的岗位上用业绩证明了自己的优秀。所以如果要培养干部，当然应该优先培养这三类干部，他们的投资回报率远远超过 3 类、4 类、5 类三类干部（要么业绩不能证明自己，要么价值观与企业不匹配）。

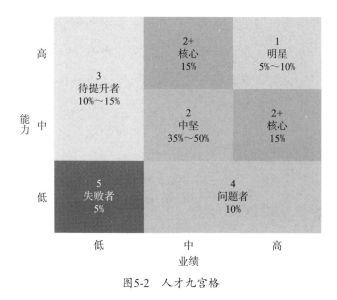

图5-2 人才九宫格

### 3.高潜力优先

高业绩并不等于高潜力。有关研究显示，"93%的高潜力人才都是高业绩人才；而在高业绩人才当中，只有29%的人拥有高潜力"。高业绩代表干部对企业过去的价值贡献大，但过去并不代表未来；而高潜力代表干部对企业未来可持续价值贡献大。所以在培养对象的选择上，肯定会优先选择高潜力干部。

什么样的干部具备高潜力。全球知名的高管寻访公司亿康先达认为，"在动机、好奇心、洞察力、人际练达和韧性这五项素质上表现出色的干部具有高潜力"；美国创新领导力中心（CCL）认为，"开启经验、寻找新挑战、洞察原委、内化自省"就代表高潜力；而我们认为，"求胜、利他、好学"三大特质优异的干部就是高潜力干部。

对很多"缺干部"的中小企业而言，完全按照上述三个优先条件来选择培养对象可能不太现实。一方面是中小企业干部基数小，选择面窄；另一方面是企业干部来源少，直接放弃不符合条件的干部不可能。所以中小企业在挑选培养对象时，可以适当放宽上述条件（比如增加 3 类干部、中潜力干部等），扩大培养对象的选择范围，平衡一下培养人数和培养效率更为实际。总之，精挑细选肯定是干部高效培养的前提。

## 最优秀干部培养更优秀干部

华为大学校训有一句话，"用最优秀的人，培养更优秀的人"，而华为大学价值观的第一条是"领导者发展领导者"，它们有两层含义。一是，在华为大学讲台上给干部讲课的老师本身就是优秀的干部；二是，干部回到岗位进行实践时的导师也是优秀的干部。通过干部带干部来发展干部。

要高效培养出优秀的干部，就要为每个被培养对象选好引路人——导师。最好的导师不是外部的专家、学者或教授，而是企业中最优秀的干部，他们是最合格的导师。一方面，这些最优秀的干部有很多生动鲜活的案例和实践经验可以分享，让学员更能身临其境地理解，学习内容更贴合工作实际；另一方面，学员在岗位实践的过程中，这些最优秀的干部可以以"师徒制"的方式传授知识和经验，避免学员试错，快速提升学员实战能力。

相比其他传统的培训方式，导师制在培养干部和领导者方面已经被证明是一种更高效的方式，因为它能够提供更加个性化、经验传承式的指导，并使导师与学员建立长期的信任和支持关系，这都有助于学员更快地成长。

要实现"最优秀干部培养更优秀干部"，关键就是企业要选拔出合格的导师。基于标杆企业的实践，我们发现并不是所有的干部都能成为合格的导师，真正称职的导师一般需符合四个标准（见图5-3）。基于这四大标准挑选出来的干部导师，再配套明确的导师权责、考评、奖惩等管理机制，企业的干部培养将会更加高效。

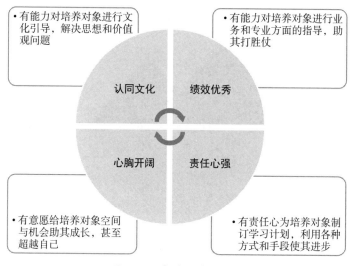

图5-3　干部导师筛选标准

## 选择特质，培养能力

干部标准胜利模型界定了合格干部的标准，要实现干部的高效培养，导师根据每个学员的素质"因材施教"是必需的。但干部标准胜利模型中并不是所有的素质都能后天培养。

"冰山模型"（见图5-4）揭示，一个人的素质可以划分为裸露在水面之上的"冰山上部"和深藏在水面之下的"冰山下部"这两大部分。"冰山上部"包括学历、知识、技能、经验等，是显性的素质，容易被观察与测量，相对比较容易通过后天的培训来改变和发展；而"冰山下部"包括通用能力、价值观、自我认知、品质和动机，是隐性的素质，相对难以评价和测量，这些素质也比较难通过后天的培训来影响和改变，但却对一个人的行为与绩效表现起着关键性的作用。

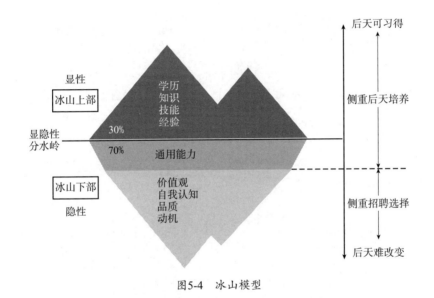

图5-4    冰山模型

不过，"冰山下部"的素质大致可以分为两大部分，一部分为水面之下的浅层部分，可称为"能力层"，这部分指的是一个人非专业的通用能力，比如"沟通表达能力、逻辑思考能力、领导力"等。"能力层"的素质培养虽有难度，但仍可以通过一定周期的反复练习、积累经验而后天习得，它仍是一种可迁移的能力。另一部分为水面之下的中底层部分，可称为"特质层"，包括价值观、品质、动机等。"特质层"的素质一般受个人的天赋、成长环境和生活经历影响，先天形成，成年之后很难影响和改变。

对照干部标准胜利模型，其中的价值观一致和"求胜、利他、好学"就属于"特质层"素质，而"摘果子、建队伍、优土壤"就属于"能力层"素质。

根据"冰山模型"，如果企业要对照干部标准胜利模型去培养干部，高效的培养方式应该是先"筛选"出具备相同价值观和三大特质的干部作为被培养对象，然后再针对"三大能力"和"冰山上部"的知识、技能等设计相应的培训和实践项目，从而快速提升干部的相关素质和能力，使之逐渐成为一个合格甚至优秀的干部。

如果不遵循上述"选择特质，培养能力"的原则，比如企业设置大量的培养课程和训练项目都指向提升干部的三大特质，妄图让一个之前不具备三大特质的干部通过后天的培训形成相应的特质，这非常有难度。"江山易改，本性难移"，企业即使花了很长的时间和很高的成本培训，对干部特质的影响和改变也是微乎其微，从投入产出的角度来说，这是非常不经济、不高效的做法。

**训战结合式培养**

在人才培养实践中，"721"原则（见图 5-5）被证明是高效的人才培养模式。该原则是指人才成长中 70% 的能力提升来自直接的工作实践和经验，20% 来自他人的辅导和反馈，10% 来自正式的培训和学习。

干部的培养同样离不开"721"原则的指导，不过要实现干部高效培养，在运用"721"原则的时候要更强调"训战结合"，即"仗怎么打，兵怎么练"。

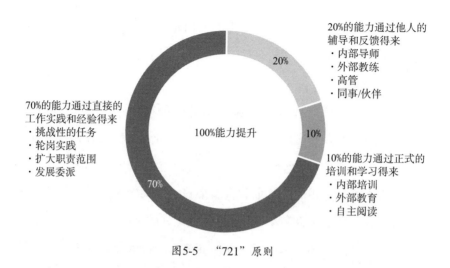

20%的能力通过他人的
辅导和反馈得来
·内部导师
·外部教练
·高管
·同事/伙伴

70%的能力通过直接的
工作实践和经验得来
·挑战性的任务
·轮岗实践
·扩大职责范围
·发展委派

100%能力提升

10%的能力通过正式的
培训和学习得来
·内部培训
·外部教育
·自主阅读

图5-5    "721"原则

### 1. 正式培训要从实践中来

一方面，干部正式培训的课程内容要源于干部岗位的工作职责和角色定位，例如图5-6所示华为的国家代表岗位的培训内容。通过对岗位角色定位和主要工作职责的拆解，得出干部所要学习和被培养的内容，这样培养内容跟工作实践就是强相关关系。另一方面，在课堂上要有更多场景化和案例教学，通过把实践中具体的问题搬到课堂上进行学习和研讨，干部随堂就可以得到很多实践问题的答案和感悟。

不过要提醒的是，干部群体的理论学习在加速其能力发展方面是非常有必要的，而且随着干部层级的提升，正式培训中理论知识学习的比重应逐渐增加。

掌握理论知识是干部必备的基础素养。通过理论知识学习，干部能够掌握科学的方法论和底层逻辑原理，"知其然，知其所以然，知其所以必然"，越高阶的干部越要如此。理论知识学习能提高干部的认知

水平，使他们具备更加全面、深入的思维能力，从而更好地指导实践
和应对工作中的挑战。

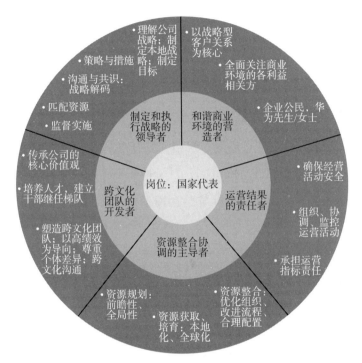

图5-6　华为的国家代表岗位的培训内容

原则上，干部是从基层一步步成长起来的，层级越高，实践性场
景越多，遇到的问题和挑战就越多，所以对于理论知识学习的需求就
越高。通过加强理论知识学习，结合实践并加以思考能更好地指导实
践，干部的能力提升将更加迅速。

## 2. 培养效果要到实践中去检验

将军是打出来的。工作实践是能力培养的最佳途径，也是培养效
果检验的最佳方式。干部通过正式培训学习后，要把所学的知识、获

得的能力落地到工作实践中去，通过实际的工作绩效来检验培训的效果。

所以为强化干部培养的效果，在正式培训后，企业要针对培训的内容，结合干部特点精心设计一些工作实践项目，一方面通过实践继续锤炼所学知识和能力，另一方面也可以检验干部培训的效果。

国际知名领导力咨询公司DDI创始人威廉·白翰姆在提到领导力发展时说："那些能够发掘员工潜力的任务，如富有挑战性的工作职责以及参与特别工作组的行动等，比培训更有效。"合适的实践项目应超出干部的原有能力和舒适圈范围，赋予他们更大的权力和责任，挑战他们的能力边界。结合干部标准胜利模型和过往的研究实践，我们认为表5-3所示的这些实践项目有助于提升干部的能力。

表5-3　干部能力提升实践项目

| 素质维度 | 实践项目参考 |
|---|---|
| 知识、技能、经验 | ✓ 轮岗<br>✓ 影子高管<br>✓ 扩大工作职责和授权范围 |
| 摘果子 | ✓ 新市场/客户开发<br>✓ 扭转局面的任务<br>✓ 内部战略课题专项 |
| 建团队 | ✓ 职务代理<br>✓ 派遣到一线部门/下级公司任职<br>✓ 新业务、新部门任命组建 |
| 优土壤 | ✓ 内部组织变革<br>✓ 管理效率提升项目<br>✓ 海外或跨区域任务派遣 |

如果干部们经过实践项目的检验并在工作中表现优异，就很有可能会进入干部资源池，并被选拔为下一级干部的储备培养对象，从而进入下一个干部培养循环。当然，如果干部在培养过程中，多次考核

不合格或者违反了规章纪律，也有可能会被剔除出培养梯队，终止培养。

企业通过干部高效培养飞轮的转动，不断输出合格的干部人才，支撑企业业绩成长；干部个人职业生涯也在培养飞轮的循环赋能下得到发展。企业增长得越快，就会要求培养飞轮转得越快；培养飞轮转得越快，合格干部的输出也会越快。从这个角度来说，干部的培养速度决定了企业的发展速度，要让企业高速发展，干部培养飞轮就必须高效运转。

## 干部培养第一责任人

很多人说企业家是干部培养的第一责任人，也有人说直线部门的管理者是。但我们认为上述答案都不对。每个员工，特别是干部，一定要对自我的成长和发展负责，成长是自己的事情。每个干部"自己"才是干部培养的第一责任人，干部应该自我负责、自我培养，在工作实践中成长和提升，没有强烈"自我意识"的干部难以真正地成长起来。

美国奈飞公司也说"职业规划不是它们的菜"，它们希望员工管理他们自己的职业发展，而不是依赖公司"规划"他们的职业生涯，公司要做的是倾尽全力持续提供机会。它们认为"高绩效人才大多能通过经验、观察、内省、阅读和讨论自我提升"。情商之父丹尼尔·戈尔曼也认为"准确的自我认识是领导和管理者需要具备的一项重要的能力"。可以说，准确的自我认知是干部培养的基础。只有具备清晰的自我认知，干部才能自我觉醒，并自发自觉地学习和努力提升自己的能力，从而更好地承担企业的使命与责任。

干部的自我认知包括"个人认知"和"角色认知"两大维度。

## 个人认知是培养的起点

领导力大师詹姆斯·库泽斯说："你是谁？找到这个问题的答案是每位领导者工作的起点。"选择个人认知清晰的干部就是干部高效培养的起点。只有真正认识自己，有意愿成长，干部才能够自我激励和自我控制，通过不断刻意练习，加速自己的成长。

干部要真正认识自己，就要回答三个问题：

问题一：我要到哪里去？即，个人未来的使命和愿景是什么。

奥地利著名作家斯蒂芬·茨威格在《人类的群星闪耀时》中写道："一个人生命中的最大幸运，莫过于在他的人生旅途中，在他年富力强时发现了自己的人生使命。"使命和愿景指引干部的发展方向，它是人的内在动力源泉。当干部清楚自己的人生使命和愿景时，他们会更有动力，更加努力，即使遇到困难也不会轻言放弃；当实现自己的使命和愿景时，他们也会更加满足和幸福。

问题二：我目前在哪里？即，个人当前的优劣势是什么。

如果能深刻认识自己的优势与不足，干部可以少走弯路，能够更清晰地规划自己的未来和发展，更好地发挥自己的天赋和优势，更自信地面对困难和挑战，也更加清楚自己能力提升的方向和重点，从而能够找到更有效率的提升方式，更快地实现自我的成功。

问题三：我的处事原则和方法论是什么？即，个人价值观是什么。

价值观影响着干部工作和生活的方方面面，它指导人们如何开展行动，它反映做事的优先顺序，决定如何做出决策和选择，它是行动的原则。詹姆斯·库泽斯说，"要成为一个值得信任的领导者，就必须具有清晰的价值观，因为这是你的领导哲学"。他的研究显示，清晰的个人价值观带来的方向感提高了管理者的积极性和敬业度。

**第一角色原理**

角色本质上是组织或他人对其身份的期望与要求，它来自组织群体。而角色认知就是个体对自己所承担角色履职标准的深刻理解和自我定位。

心理学家马斯洛说："要让一个管理者成功履行管理职责，前提条件是他必须清楚意识到这是他的职责。"对干部而言，通用的角色认知就是干部的使命、责任和能力（本书第1、2章有详述），而每个干部也会有各自的角色认知（见图5-7）。一个具有准确角色认知的干部，能够更好地理解团队的需求和期望，更快地提升和完善自己的能力，进而能够更好地推动整个组织和团队的发展。所以，对于每一个刚走上管理岗位的员工，一般培训的第一课都是"管理者的角色认知"。

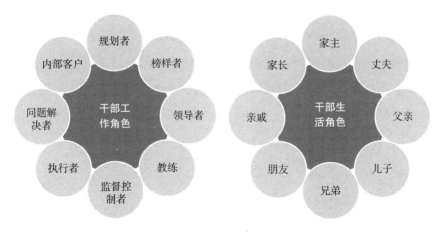

图5-7　干部角色认知

　　根据对干部使命和责任的分析可以发现，干部在工作和生活中其实扮演着多种角色，但是各个角色对干部的行为指导原则并不一致，有时甚至是冲突的。比如近些年引起广泛讨论的"工作与生活的平衡"问题，当工作与生活角色出现冲突的时候，干部到底如何抉择？在工作场景中，当上级与下属同时对干部有不同期待时，干部应该优先照顾谁的利益？上述情境就是所谓的"角色冲突"。

　　角色冲突在生活、工作中无处不在，"干部"这一关键岗位，其抉择的正确性可能直接影响企业的绩效结果、价值导向和团队战斗力。对此，干部一定要认清自己的"第一角色"。很多时候，干部内心的纠结和矛盾、工作上错误的决策，都是因为"第一角色"模糊或认知存在偏差。

　　所谓"第一角色"，顾名思义，就是最重要的、排在第一位的角色。当干部面对角色冲突的时候，如果能够始终按照第一角色的处事原则思考、说话和做事，就能最大限度地做最正确的选择，少犯错误，实现价值最大化。这就是"第一角色原理"。

　　识别和找到干部的"第一角色"，有两个核心原则：

　　原则一，认清自己，找到自己的核心价值观。当企业面临抉择难题时，其最重要的判断标准就是企业的价值观，企业如是，个人如是。当面临角色冲突的时候，遵照自己的价值观，就能帮助我们决定该做什么，不该做什么。排序最靠前的 1 到 2 个价值观代表的角色就是干部的"第一角色"（提示：这个角色可能是生活角色，也有可能是工作角色）。当然，如果干部的个人价值观能够与企业的价值观不冲突，甚至保持一致，或者其"第一角色"就是工作角色的话，那一定可以确保干部在组织中做出最正确的决策。

　　原则二，组织中，所属团队的角色大于领导团队的角色。举例来说，张总是公司高层经营决策团队成员之一，也是统管销售部的总经理，那"销售部总经理"就是张总"领导团队的角色"，而"高层经营决策团队的成员"就是张总"所属团队的角色"。原则二告诉干部们，在组织中要找到第一角色，那就要向上看一级，看看你属于哪个团队，在这个团队中你的角色是什么，团队赋予你的职责定位和履职标准是什么；不要向下看，不要把你作为团队负责人的职责定位和履职标准放到更重要的位置上。

由上述原则出发，可以发现，干部虽有多种角色，但"第一角色"是不变的，因为一个人的价值观不容易变，除非发生重大的人生变故；干部在组织中所处的位置阶段性不会变，干部的处事原则和决策依据就不会发生变化。干部认清自己的角色，特别是"第一角色"，并始终站在"第一角色"的位置上思考、说话和行事，将更容易在组织中获得成功和成长。

### 通过反馈提高自我认知

干部自我认知的清晰度和准确度某种程度上决定了培养的效率。在心理学上，"乌比冈湖效应"是指人们普遍倾向于高估自己的能力、水平或成就，这是人类天然的障碍。不过实践发现，无论是个人认知还是角色认知，干部都可以通过下述方法（见图5-8）来逐步提高自我认知的清晰度和准确度。众多研究成果显示，"360度评估"是提升干部自我认知最有效的方式之一。

360度评估的本质是干部通过了解周边人对自己的评价，获悉其真实的行为表现，从而更全面地认识自己的过程，反馈的结果仅用于干部的个人成长和发展。

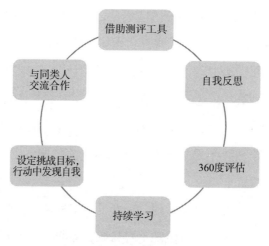

图5-8    提升自我认知的方法

乔哈里视窗理论（也被称为自我意识的发现—反馈模型）（见图 5-9）很好地解释了反馈的价值。该理论通过"自己知道—自己不知道"和"他人知道—他人不知道"两个维度将个体认识世界的信息划分为四个区域，即公开区、盲点区、隐蔽区和未知区。

通过与周边人沟通交流和获取反馈，干部可以认知到很多自己的盲点，也让身边的同事更加了解自己，从而不断扩大干部自己的公开区，由此获得同事和领导更多的信任和支持，个人行为改进和发展也会更快，干部就会进入不断认知自己、不断发展自己的良性循环。

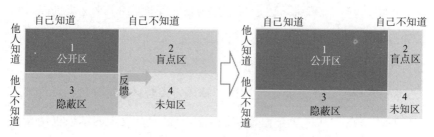

图5-9    乔哈里视窗理论

企业要在内部成功开展干部360度评估工作，一般有四个阶段，每个阶段主要的工作内容如图5-10所示。

图5-10 360度评估四阶段

华为通过实践发现，优秀干部的培养源于日常领导行为的改变，这是一个长期且持续的过程。干部的自我提升通常是其领导力发展的起点，而最能直接对其领导力进行反馈的则是他们身边的工作团队和直接上级。因此，华为推行经理人反馈计划（MFP），帮助干部更好地了解自己，进一步对自己进行改进和提升。

MFP的关键活动主要包含"下属反馈、经理反馈会议以及提升计划与行动"三个环节（见图5-11）。

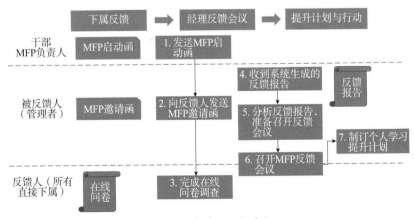

图5-11 华为MFP全流程

下属反馈：围绕干部的核心管理活动，设计合适的调研问卷（见表 5-4），收集下属对干部的认知信息，整理汇总后形成反馈报告。

表5-4　华为MFP评价问卷

| 分类 | | 管理问题 |
|---|---|---|
| 基础管理要求 | 1 | 该干部诚实守信，不欺上瞒下，不营私舞弊，重大事件不捂盖子 |
| | 2 | 该干部能够以身作则，要求员工做到的事情首先自己能够做到 |
| | 3 | 该干部与员工沟通时，能够让员工感受到被尊重和重视，不"一唬二凶三骂人" |
| 管理与提升绩效 | 4 | 在公司要求的时间内，该干部通过绩效面谈双向沟通讨论的方式帮助我更好地工作 |
| | 5 | 该干部明确每个团队成员的工作安排以及彼此的协作关系 |
| | 6 | 在我的职责范围内，该干部给予了我所需要的信任，这种信任发挥了干部能动性 |
| | 7 | 每个月，该干部不定期与我进行工作沟通（正式或非正式的），通过这种不定期的工作沟通，该干部充分了解了我的工作情况，并有针对性地进行反馈与辅导 |
| | 8 | 在我有需要时，该干部能与我同进退，我及时地得到了来自该干部的支持和帮助（启发思路、提供帮助、协调资源等） |
| | 9 | 在公司要求的时间内，该干部能遵循公司绩效评价的程序，对我进行评价及结果沟通 |
| | 10 | 通过该干部与我双向、充分的绩效结果沟通讨论，我认可该干部对我的绩效评价，我认为绩效评价是公平的，绩效评价标准是透明的 |
| 团队建设 | 11 | 在我的工作有进展地取得成绩时，我得到了来自该干部的肯定和欣赏，让我看到了个人工作的价值实现和自身能力的成长 |
| | 12 | 该干部关注我的发展，帮助我理解任职要求并针对改进项对我进行有效辅导，使我的发展方向更加清晰 |
| | 13 | 在我需要时，该干部给予我所需的学习资源和机会 |
| | 14 | 我所在的团队中，该干部给予我所需的学习资源或机会 |
| | 15 | 在该干部的鼓励和推动下，团队成员互相信任和关心，并在工作中互相帮助、分享、共同成长 |
| | 16 | 该干部能够理解和欣赏员工间的差异，促使团队内不同性别和年龄的员工各骋所长，互补互助 |

（续）

| 分类 | | 管理问题 |
|---|---|---|
| 不良管理习惯 | 17 | 该干部的沟通方式简单粗暴，曾经训斥或辱骂过下属 |
| | 18 | 该干部随意应付，不认真对待与员工间的重要沟通，如用短信或由他人告知员工的方式沟通绩效结果等 |
| | 19 | 该干部不听员工和周围人的意见，独断专行，一言堂 |
| 主观题 | | 问题一：你认为怎样才会让该干部工作得更加出色？请举例说明 |
| | | 问题二：你认为该干部怎样才能赋能你对公司做出贡献，改善你的工作满意度或者激励你努力工作？请举例说明 |
| | | 问题三：目前该干部花多大精力在人员管理、培养团队方面？你的期望是什么？ |
| | | 问题四：你认为该干部可以在哪些工作上更多地对你进行授权？ |

经理反馈会议：基于反馈报告，由干部召集面对面经理反馈会议。干部与至少4名下属共同沟通探讨，找出个人改进目标，明确改进方向，制定改进举措。

提升计划与行动：干部根据下属的反馈制订个人学习提升计划，并在下属的支持下实施该计划，以提升管理的有效性。

华为通过MFP为每一位参与其中的干部提供从自我认知到激发反思、尝试改变，再到获得支持、明确行动计划的体验机会，对干部的自我认知和发展产生了深远的影响。

## 个性化培养，精准加速

我们虽然强调"选择重于培养"和"干部自我成长"，但绝对不代表我们认为企业不应该重视干部培养。相反，企业应该投入大量时间和成本用于干部培养，因为培养可以加速干部成长。先选拔一个好苗子，然后再浇水施肥，这样就会让它长得更快、更好。

实践研究表明，对干部群体高效地培养一定是以个性化和共性化培养相结合的方式进行的，两者的区别如表5-5所示。不过，干部层级越高，对培养方案个性化的要求就越高，个性化培养的比重也越大。

表5-5　个性化培养与共性化培养的区别

| 维度 | 个性化培养 | 共性化培养 |
|---|---|---|
| 培养对象 | 关键岗位人才 | 群体类人才 |
| 培养方向 | 强调个体差异 | 强调群体共性 |
| 培养内容 | 个体或目标岗位所需的知识、技能、经验和能力 | 群体共需的知识、技能、经验和能力 |
| 培养特点 | 针对性、目的性、灵活性更强，精准高效 | 覆盖面大、通用性强、投入产出比高，批量复制 |

个性化培养需结合每个干部的个人素质能力、目标岗位要求和公司战略需求来定制个性化培养方案（见图5-12），可以采用干部个性化培养路线图的方式呈现。干部个性化培养路线图是指干部晋升到下一个岗位的最快学习成长路径。

**干部个性化培养路线图**

图5-12　个性化培养方案

干部个性化培养路线图会描述每个干部职业生涯的各个阶段，每个阶段该学习什么内容，具体的目标要求是什么；同时，图中会明确科学的培养工具，可以让干部了解使用什么样的方法和工具能在最短时间内以最佳的方式达成目标。它是干部培养和成长的加速器。

培养方向分为横向和纵向两种（如图 5-13 某营销岗位纵向培养路线图示例），既可以是同层级岗位培养，也可以是向更高层级的发展。具体目标岗位需要基于组织战略目标及个人发展规划综合设定，且以知识、技能、经验和能力培养为主。

图5-13　某营销岗位纵向培养路线图示例

干部的个性化培养是非常定制化的，不同的人、不同的起点岗位，其成长路线、成长周期、培养内容、培养方式等都会不同。一张完整的干部个性化培养路线图的设计包含四大步骤。

步骤一：组织环境分析。该阶段的重点目标是基于企业未来战略需要和内外部干部人才的供给情况识别出企业的核心关键岗位。

步骤二：个人特质匹配。挑选合适的储备培养对象，结合储备培养对象的知识、经验、专业技能、能力和个人兴趣，为他规划合适的培养路线。需要注意的是，培养路线图更注重干部的特点和组织需要，而不是一味迁就干部的个人意愿，要在组织和个人间找到平衡。

步骤三：角色分析与职责拆解（如图 5-14 所示）。通过对各岗位角色的分析与职责的拆解识别每个岗位的典型工作任务及达成任务所需具备的各类知识、专业技能、经验与能力等。

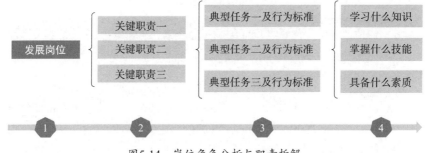

图5-14  岗位角色分析与职责拆解

步骤四：路线图设计。这是干部个性化培养路线图的最终环节，该环节需要呈现岗位发展路线及每个岗位的学习任务及培养方式。学习任务及培养方式的具体设计依然要基于"721"原则（见表5-6），注重直接的工作实践和经验、他人的辅导和反馈以及正式的培训和学习的有机结合。

表5-6　个性化培养路线图框架

| 岗位 | 典型工作任务 | 知识/技能 | 能力 | 经验 | 直接的工作实践和经验70% | 他人的辅导和反馈20% | 正式的培训和学习10% |
|---|---|---|---|---|---|---|---|
| 岗位一 | 典型工作任务一<br>典型工作任务二<br>典型工作任务三<br>⋮ | ➢知识一<br>➢知识二<br>➢技能一<br>➢技能二 | ➢能力一<br>➢能力二<br>➢能力三 | ➢经验一<br>➢经验二 | ➢学习任务一<br>➢学习任务二<br>➢学习任务三 | ➢学习任务一<br>➢学习任务二<br>➢学习任务三 | ➢学习任务一<br>➢学习任务二<br>➢学习任务三<br>➢学习任务四 |
| 岗位二 | 典型工作任务一<br>典型工作任务二<br>⋮ | ➢知识一<br>➢知识二<br>➢技能一 | ➢能力一<br>➢能力二<br>➢能力三 | ➢经验一 | ➢学习任务一<br>➢学习任务二 | ➢学习任务一<br>➢学习任务二 | ➢学习任务一<br>➢学习任务二<br>➢学习任务三 |
| … | … | … | … | … | … | … | … |

　　从干部个性化培养路线图的设计过程可以看出，个性化培养的方式投入的成本和时间相当多，而且因人因岗而异，极具个性化。培养过程中可能会根据干部的发展情况和企业的战略需要灵活调整培养路线，所以该方法比较适用于企业特别关键岗位和关键人才的培养和发展，并不适用于一般岗位和人才。

**轮岗是必由之路**

　　在干部个性化培养中，"轮岗"是贯穿始终、必用的培养方式，我们也称其为干部成长的必由之路。通过横向和纵向的岗位调动，轮岗为干部提供了更广阔的工作视野和积累更多元知识、技能及经验的机会，使得干部能力和职业发展螺旋式上升，从而造就更全面发展的干部，华为"之"字形培养干部的方式就属此道。

轮岗仅是为了更全面地培养干部，而不是为了流动（我们把因保密、廉政等原因强制干部流动的情况称为调岗，而不是轮岗），所以一般而言，干部轮岗的方向主要有以下四种（如表5-7所示）。

表5-7　干部轮岗方向与目的

| 序号 | 轮岗方向 | 轮岗目的 |
|---|---|---|
| 1 | 向上轮岗 | 担任更高职位，培养其眼界及全局思维，晋升方向培养 |
| 2 | 横向轮岗 | 性质相同、相近的岗位或者上下游流程间的岗位轮岗，减少周边工作经验与能力不足带来的摩擦与损失 |
| 3 | 向下轮岗 | 基层或一线挂职，了解不熟悉的业务和职能领域，可以职级降低式轮岗（需考虑干部接受度） |
| 4 | 跨区域轮岗 | 对于多区域的全国或全球性公司，使干部掌握不同区域经营的特点，培养其全局思维 |

为实现上述轮岗培养的目的，企业必须结合培养特点和企业的战略需要对轮岗工作进行精心设计和安排。因此，企业应该制定干部轮岗的管理机制，关键是明确六大轮岗要素。

轮岗资格：明确轮岗干部的进入条件和标准，选择值得培养的对象。轮岗培养对象一定是当前有高价值认同、高业绩和高潜力，未来定位为能力全面且岗位核心的干部。

轮岗计划：轮岗一定要有计划地实施，轮岗路线和轮岗方向经过精心设计和选择，轮岗前后岗位间的落差和能力迁移不能太大，否则很容易造成因难度太大无法实施或轮岗失败。

轮岗目标：与被培养对象约定各岗位轮岗目标（比如完成一定业绩、启动并关闭一个项目或绩效成绩为良好以上等），双方沟通达成一致。

轮岗时间：不同的目标岗位轮岗的时间要求不同，需考虑轮岗岗位内容的难度，设置合理的轮岗期限。比如生产的岗位相对稳定，容易适应，轮岗 1 年；销售或研发类岗位挑战大，需要的时间更长，轮岗 2～3 年。

考核标准：约定被培养对象轮岗的业绩考核标准和跟踪评价机制，便于及时评估被培养对象的轮岗表现并采取后续管理动作（比如维持现岗位、轮岗下一岗位或退出轮岗计划等）。需要注意的是，轮岗下一岗位一定是以当前岗位的胜任为基础的。如果当前岗位考核未能达标，则应优先考虑在当前岗位继续历练；如始终未能达标，则可以调整培养岗位，甚至终止轮岗。

资源支持：这是指被培养对象在轮岗岗位上可获得的资源支持，包括人、财、物等和相关的培训（比如新岗位 90 天转身计划），帮助其快速适应轮岗岗位并最终达成目标。

对企业来说，轮岗是一种风险比较大、成本比较高的培养方式。为了确保轮岗计划顺利实施并成功，在轮岗开始前，企业与被培养对象就轮岗的目的和轮岗要素进行沟通并达成一致是关键。干部也有其个人职业生涯的发展规划，如果事前没有沟通，企业只是一厢情愿地制定干部未来的发展路线，很有可能无法使干部与企业找到利益共同点，轻则浪费资源，重则流失人才。

## IDP是必要抓手

IDP，即个人发展计划，是干部个性化培养的实施载体和必要抓手（表 5-8 为 IDP 示例）。它根据人才整体培养路线图，拆解出在一定周期内具体且可度量的、系统的能力提升行动计划来实现个人发展目标，在人才个性化培养中应用广泛。

表5-8　IDP示例

| 个人发展计划（示例） | | | |
|---|---|---|---|
| 姓名：钱某 | 年龄：28岁 | 当前职位：工艺员 | 在岗时间：3年 |
| 第一部分：发展规划与分析 | | | |
| 职业目标 | 技术工艺部部长 | | |
| 变化与挑战<br>（对照岗位职责） | 1.由单一技术问题处理到复杂技术问题处理<br>2.由个人能力提升到项目主导推进<br>3.由专业能力转向团队管理 | | |
| 第二部分：重点发展的能力 | | | |
| 1.个人专业知识技能　2.项目统筹推动能力　3.团队管理能力 | | | |
| 能力发展分析 | | | |
| 优势： | | 劣势： | |
| 1.学习能力强，短时间内学习效率高<br>2.思维开放度高，乐于学习新鲜事物<br>3.大胆自信，敢于挑战 | | 1.沟通影响能力偏弱<br>2.多场景问题处理能力偏弱<br>3.专业能力有待进一步加强 | |

| 第三部分：能力提升计划 | | | | |
|---|---|---|---|---|
| 发展事项 | 能力提升方式 | 成功衡量标准 | 行动计划/发展活动 | 预计完成时间 |
| 直接的工作实践和经验 70% | 赋予挑战性任务 | 铜排产线产能及设备利用效率提升，成本下降 | 主导铜排产线精益改善项目及现场管理推进 | 6个月 |
| | 扩大工作职责范围 | 跨部门事项协调 | 铸造及总装车间生产相关事项对接 | 1年 |
| 他人的辅导和反馈 20% | 导师带教 | 加强了问题解决能力 | 每月与导师面谈遇到的问题及解决方案 | 持续 |
| 正式的培训和学习 10% | 专业知识 | 成功申请成为主管工艺师 | 完成主管工艺师申请论文 | 6个月 |
| | 外部学习 | 参与行业论坛并内部分享 | 行业知识及趋势学习 | 1次/季度 |

| 第四部分：阶段性提升总结 | |
|---|---|
| 第一季度学习和实践状况总结： | 下一阶段的发展目标： |
| 参加机械行业协会论坛并进行团队内部分享，专业知识及表达能力均得到了提升和锻炼；产线精益改善项目立项及前期资料准备 | 产线精益改善项目启动及跟进；跨部门事项协调 |

（续）

| 个人发展计划（示例） | |
|---|---|
| 第四部分：阶段性提升总结 | |
| 第二季度学习和实践状况总结： | 下一阶段的发展目标： |
| （第二季度结束后填写） | （第二季度结束后填写） |
| 第三季度学习和实践状况总结： | 下一阶段的发展目标： |
| （第三季度结束后填写） | （第三季度结束后填写） |
| 第四季度学习和实践状况总结： | 下一阶段的发展目标： |
| （第四季度结束后填写） | （第四季度结束后填写） |

　　不过调研发现，虽然很多企业在实施 IDP 上投入巨大，但效果甚微，IDP 陷入食之无味，弃之可惜的境地。这并不是 IDP 工具本身有问题，根因主要出在执行环节上。

　　IDP 制订出来之后，跟踪与执行 IDP 的工作会分别落到干部本人、监督人、直接上级和干部管理部门身上。其中，干部本人负责计划的执行；监督人负责辅导、经验分享、计划跟踪和验收；直接上级负责跟进 IDP 的进度、监督人回访和反馈；干部管理部门负责跟进整个过程、归档及整理材料。四方各司其职，履职到位是 IDP 产生效果的关键。

　　整个执行环节要控制能力提升项目的数量，确保聚焦，不是越多越好，一般同一周期内改进的发展项目应该不超过五个。执行过程中要设置 IDP 的里程碑节点，根据节点定期开展正式的回顾、评价与纠偏，并将 IDP 的执行结果与各方的奖惩利益相挂钩，避免 IDP 形同虚设、被束之高阁，确保其产生效果。

## 共性化培养，批量复制

　　与个性化培养不同，共性化培养以群体在一段时期内集中共同学习成长为主，具有覆盖面大、通用性强、培养形式多样、投入产出比高等特点，能够基于企业需要批量化复制合格干部，所以又被称为干部培养的"流水线"。

为提升培养效果，共性化培养主要以项目制的形式开展，一般被称为"×××班""×××训练营"或"×××项目/计划"，比如前文说到的华为高管研讨班、中基层管理干部的"FLMP"项目等。项目制运作的核心是用项目管理的方法和逻辑进行干部培养方案的设计和执行，比如针对企业调研情况设计培养方案，有明确的项目目标和时间进度安排，有项目管理机构或项目经理负责项目的过程管理和运营，有完善的项目总结、知识管理、效果评估等一系列机制设计，并且不断迭代优化滚动实施，从而确保干部培养项目实现批量化复制的效果。

项目制运作凭借其独到的价值优势，已成为众多企业人才批量化培养的标配。根据大量干部培养项目的实践经验，我们发现要打造出优秀的干部共性化培养项目（以下简称为"干部训练营"），除了要遵循干部高效培养飞轮原则外，还要关注项目的运营和设计，关键点如下。

### 规模上：小班教学

干部的培养不同于一般人才的培养，因其岗位的重要性，培养理念上要从强调"规模"向注重"质量"转变，务必实现"培养一批，成熟一批"，源源不断为企业输送干部人才。

为了把每期干部训练营项目经营好，务必追求做精、做细，让每个参训干部都能体验到干部训练营的价值，得到帮助。建议采用小班教学，每期干部训练营的人数控制在 25 人以内。

相比大班教学，小班教学的诸多优势让其成才率更高：

（1）项目负责人更容易关注到每个学员的学习情况和成长状况。

（2）能够照顾到每个学员的需求和特点，从而更能个性化和贴合性教学。

（3）每个学员都能充分参与学习讨论和实践，学员积极性和主动性更高。

（4）教学形式灵活，学员和老师间的互动和交流更多、更强。

（5）学员间互动也更多，有助于培养合作精神，使团队更加融洽。

因此，针对每期干部训练营的学员应该采用选拔制，进入干部训练营要有一定的门槛，除了职级、绩效、盘点结果等条件外，关键还要看他们的学习积极性和意愿。企业要让每一个参训学员都能感觉到"有幸加入干部训练营本身就是企业对自己的认可"，每个学员都应有强烈的学习热情和成长意愿。

企业千万不能因为干部短缺，而把干部训练营搞成"福利制"或"强行摊派制"。"福利制"是对学员不加筛选，谁都能参加，参训人数众多。"强行摊派制"是学员参与意愿不强，被迫来学习。所谓欲速则不达，无论是上述哪一种，都很容易出现因学员水平参差不齐、学员积极性不高导致学习氛围和学习质量差等情况，进而影响整个训练营的学习效果。

## 内容上：训战结合

在学习内容的设计上，除了要根据每期学员的特点因材施教外，关键是注重"训战结合"。很多企业的干部训练营经常会把"培训"和"实战"割裂开来，所以才会出现"上课时非常激动，下课后异常感动，回去后一动不动"的现象。

　　训战的"训"理解为培训，一般由老师与干部训练营项目负责人根据企业的干部标准识别出每期学员的能力短板，然后有针对性地进行学习内容设计和教学，学习内容一般偏重知识、经验、专业技能和通用能力。除此以外，思想教育和文化价值观的对齐更是干部训练营的必修课，而且对于越高级的干部培养对象，此类课程的授课比重应越大，从而确保干部在思想上和行动上始终与企业保持高度一致。

　　根据本书第2章的干部标准及我们大量的项目实践，干部通用的培训课程类目可以参考表5-9所示的这些课程。不过为提升课堂培训效果，企业应大量采用翻转课堂、案例教学、情景模拟等互动性、实战性更强的教学方式来传授上述知识、经验和技能，统一文化和价值观。

表5-9　干部通用类培训课程

| 素质项 | 课程设计方向 | 建议课程 |
|---|---|---|
| 胜利思维 | 聚焦干部的"自我管理"能力，实现思想统一、个人转型、气质升华 | ➢ "认知自我"<br>➢ "管理者的角色认知"<br>➢ "时间管理"<br>➢ "自我情绪管理"<br>➢ "企业文化与价值观" |
| 摘果子 | 聚焦干部的"管理任务"能力，让干部能拿结果、干成事 | ➢ "战略解码"<br>➢ "目标和计划管理"<br>➢ "有效沟通"<br>➢ "高效会议" |
| 建队伍 | 聚焦干部的"管理他人"能力，教会干部如何点燃他人、成就他人 | ➢ "领导力"<br>➢ "精准选人"<br>➢ "教练辅导"<br>➢ "绩效管理与员工激励" |
| 优土壤 | 聚焦干部的"管理团队"能力，确保新干部能捏合团队，构建组织能力，打造胜利之师 | ➢ "组织结构设计与规划"<br>➢ "业务流程梳理与变革"<br>➢ "打造高绩效文化"<br>➢ "团队协作五项障碍" |

训战的"战"就是要通过工作实战强化和检验干部对学习内容的理解和掌握，让培养的方式更加贴近真实的业务场景。我们曾负责过一家千亿元级综合性集团的干部训练营设计，为学员设置了一个实战操作课题——"完成某个项目最难的客户招商任务"。这样安排旨在让参训干部们更深入地了解真实工作场景，通过亲身实践体验和消化学习内容。这与华为终端一直保持着让高管到各个零售店充当店员，去实际销售手机，有异曲同工之妙。

干部训练营中的"训"和"战"两者本身是一个有机的整体，不能相互割裂独立开展，所以一般会结合学习内容有针对性地设置实战课题让学员分组完成。为了真正达到锻炼学员，也给企业解决实际问题创造价值的目的，课题的选择需满足以下几个条件：

（1）对组织很重要，甚至是企业战略中的必赢之战。

（2）具有一定挑战性和难度。

（3）需要团队协同作战解决。

（4）可实施，且在团队的权利与责任范围内。

（5）有时间限制，目标成果可衡量。

（6）培养和锻炼团队某些方面的经验和能力。

在课题选定后，将经历"组建项目团队""明确课题目标""现状和问题分析""策略及行动方案制订""方案计划实施执行"和"项目总结和结果评估"六个步骤，过程中会有阶段性进展和成果汇报，干部训练营项目负责人会组织安排跟进整个课题实施过程，确保其真正发挥出锻炼和考察学员的作用。图5-15所示内容为干部训练营的流程。

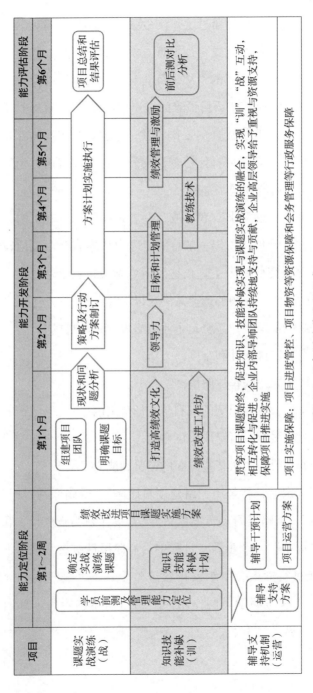

图5-15  干部训练营流程示意

## 华为干部培养之训战结合

2013 年，随着华为战略预备队的兴起，华为大学面临了巨大的冲击和挑战，各种需求如潮水般涌现。为了应对这一挑战，华为大学推出了训战 1.0 模式，其核心思想是标准化、场景化、案例化。这一模式确保了全球各地每年几万人次培训的高质量和高效开展，将课堂集训与实际操作相融合，真实地模拟了业务挑战场景。

然而，随着时间的推移，训战 1.0 模式逐渐显现出一些问题。例如，部分教师过于注重理论讲解，忽视了实践操作；师资之间缺乏协同合作，团队合作能力有待提高。

为了解决这些问题，华为大学集结了一支由精兵强将组成的团队，并邀请外部顶尖的学习发展专家进行指导。经过深入研究和开发，华为大学成功推出了训战 2.0 方法。该方法的特点可以概括为以下几点：

有赋能点：明确项目的核心能力，根据公司的业务战略和人才需求来确定赋能目标。例如，解决方案重装旅的赋能目标是提升面向客户的综合解决方案的销售能力。每个赋能点下，会有相应的学习方案来支持组织目标的实现。

前置翻转学习：为了最大化课堂学习效果，将基础内容制作成在线课程，要求干部在训前完成学习或考试。这种方式使得课堂时间更多地用于实战演练和讨论。

场景化：基于对业务背景和需求的深入理解，模拟核心工作场景和挑战，为教学内容的设计提供关键输入。

有对抗演练：通过红蓝双方对抗、意见冲突、团体竞赛等方式增加压力和挑战，模拟真实作战环境中的时间和情感压力。

复盘：在战略预备队作战结束后，围绕赋能点进行复盘，回顾目标、结果和过程，总结经验与教训。复盘形式包括个人小复盘和团队大复盘。

以上五个方面使华为训战 2.0 成功地解决了训战 1.0 存在的主要问题。值得一提的是，场景化在训战 2.0 中起到了关键作用，它不仅明确了赋能点，还为后续的复盘和演练提供了核心输入。如果没有精准的场景任务还原，训战就会变得空洞和不切实际。

## 学习上：内外结合

干部培养"既要沉下来，更要走出去"，完全靠内部进行培养，很大程度上会受到内部文化氛围、能力局限、视野狭窄等因素影响，最终造成企业干部"近亲繁殖"、同质化严重及创新受阻等问题。解决上述问题最好的办法就是，结合企业自身业务问题，将干部送出去进行对标学习，寻找全新的解决思路，同步实现干部能力的提升。所以，为了实现干部能力和经验传承的不断进化，干部训练营要设置外出"游学"活动。

关于对标学习的对象，越来越多的企业开始意识到，很多自身发展中的问题，除了本行业的标杆企业外，在其他行业标杆企业中有更好的解决办法。所以学习标杆的选择范围可以更加广泛，选择的唯一原则就是"公认的标杆"。注意，游学对象不在乎多而贵乎精，企业要对所学内容真正有所借鉴。

### 向海底捞学习

海底捞作为一家知名的餐饮连锁企业，因其独特的企业文化和成功的经营模式而受到广泛关注。不少知名企业选择前往海底捞游学，以了解其成功的秘诀，并学习其管理模式和服务理念。

比如，华为曾向海底捞学习其服务理念和员工管理模式；阿里巴巴曾向海底捞学习其服务文化和人力资源管理；京东曾向海底捞学习其出色的客户服务和员工激励机制；小米曾向海底捞学习其创新性的服务模式和营销策略。

游学不仅仅能开拓视野，更为重要的是能够将外部经验进行内化。每次的游学活动要有研究成果，对外部经验进行萃取并形成学习文件，以达到闭环管理。所以，项目负责人在游学前要向干部学员明确学习目标，布置作业；游学后要组织干部进行改善点的讨论、提炼总结，输出自己企业内部问题的解决方案和行动计划。游学所得也可以直接作为"训战"的实践课题，让干部学员负责落地实施，真正做到知识沉淀、学以致用。

通过内外结合的方式让干部训练营的学员们站在巨人的肩膀上去体悟和学习，不仅有助于干部们拓展视野、加速成长，还能促进企业管理经验迭代，组织能力不断进化，属于成本不高但收获颇丰的学习手段。每次实践下来，企业学员感受俱佳。

**运营上：贯彻全程**

为了让每期干部训练营达成既定的培养效果，贯穿学习全程的精细化运营机制保障必不可少。它不仅能整合资源，保障干部训练营按计划推进，还能提高干部的积极性和参与度，提升培养效果。而且，好的机制能实现干部训练营项目持续改进与优化，不断提升干部训练营的质量和利益相关方的满意度。

根据我们的实践，整个干部训练营可以划分为前期筹备、过程跟踪和结项总结三个阶段（见图 5-16），每个阶段必要的运营动作和保障机制主要如下所述。

| 前期筹备 | 过程跟踪 | 结项总结 |
| --- | --- | --- |
| • 学习内容设计 | • 学习打卡练习 | • 项目成果评估 |
| • 干部训练营计划安排 | • 学习总结讨论 | • 团队和个人表彰 |
| • 管理架构搭建 | • 作业跟踪辅导 | • 项目总结复盘 |
| • 宣传造势 | • 学习内容考评 | • 知识管理 |
| • 仪式感塑造 | • 小组和学员PK评比 | |
| • 人、财、物等资源的协调 | • 学习纪律维护 | |
| • 学习纪律与奖惩机制<br>建立 | • 学习活动组织安排 | |

图5-16    干部训练营三大阶段

前期筹备阶段是整个干部训练营项目成功的关键，需要精心策划与准备。除了要根据企业需求和员工特点设计学习内容、制订学习计划外，关键是为干部训练营造势，确保各利益相关方给予足够的重视，进而影响企业领导与干部群体的参与度，为后续学习活动奠定坚实的基础。其中最重要的就是企业一把手的重视和深度参与，不仅为干部培养活动定下了基调，更传递出企业对干部培养的坚定决心，为干部训练营的顺利开办和各方的积极参与注入了强大的动力。

要让企业各方重视，除了宣传造势外，更关键是建立干部训练营的管理架构（见图 5-17）和必要的运行机制。管理架构明确了干部训练营各方的权责，这是确保干部训练营高质量运行的基础。而学习纪律与奖惩机制的建立则将维护干部训练营的严肃性，并使其具有激励性，确保干部训练营有序运行。

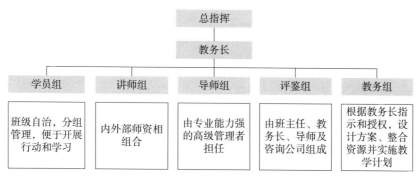

图5-17 干部训练营管理架构

过程跟踪阶段最关键的是让干部学员既有动力，又有压力，从而促进他们的学习质量提升和培养效果达成，所以动力机制和竞争机制的设计和执行就比较关键。动力机制包括各种个人和团队的物质奖励、精神荣誉的评选和授予，这可以激发学员的积极性和成就欲望，让干部主动投入学习。竞争机制包括个人和团队的考核、成绩排名、个人和团队定期 PK 甚至过程中的退出机制等，这可以激发干部的好胜心和危机感，以鼓励个人努力和团队协作。

结项总结阶段最关键的则是项目成果的评估以及个人、团队的奖惩。评估的关键不是简单地通过问卷调查、满意度评价或者技能知识考试、工作模拟的成绩来做浅层的评价。有效的评估应该是通过 360 度评估检验干部的行为是否发生改变，以及是否真正给企业的经营带来具体而直接的贡献，只有这些实在的结果才能衡量干部训练营的质量和效果。基于评估的结果，企业要给个人和团队相应的表彰，不仅是简单的荣誉证书，还应是直接的职级晋升或职责范围的扩大等，通过这样的表彰来释放信号，激励现有和将来的干部们积极参与干部训练营，努力提升自己的能力，支持企业的发展。

## 资源上：外脑支持

无论是个性化还是共性化培养，企业不难发现，从整个项目设计、运营、实施至最终获得效果，若企业自身内部管理能力和实施经验不足，将很难进行人才培养。这时，寻求外部专业公司操盘和支持是必要的。

强如华为，早期人才培养体系未成熟，干部领导发展能力不强时，大量借助外脑支持——导入知识、建立体系、提升能力，快速打造了人才培养的能力；当下，华为人才培养体系越发成熟，虽然外脑支持力度越来越小，但也不乏培养项目邀请外部专家、学者、讲师来支持。

通过与外部专业机构紧密合作，企业不仅可以降低试错成本，节省时间成本，还能够快速获得专业化的指导和建议，确保干部训练营的高效实施；引入外部的专业知识和经验，可以使之与内部资源形成互补，在交流碰撞中激发更多的创新火花，不断完善培养内容和形式。通过与外部专业机构合作，取长补短，干部训练营项目的质量能得到不断优化和提升，助力企业更高效地培养一批又一批干部。

# 第6章

# 干部退出常态化

熵增理论告诉我们，系统中的混乱和无序状态总是趋于增加，最终导致系统的灭亡，企业管理系统也如此。但流水不腐，户枢不蠹，企业可通过人才尤其是干部的流动和新陈代谢来增强企业的生命力。

在企业管理中，干部退出机制的建立是一项值得被所有领导者重视的工作，因为干部退出不仅仅是人事调整的程序，更是企业及时应对外部变化、适配企业发展战略、激发组织内部活力、保持组织健康和可持续发展的关键环节。

然而，由于受传统观念制约，退出及配套安置机制不完善等，"干部只进不能出""职位能上不能下""薪酬能高不能低""任用容易轮换难"仍是当前许多企业干部任用中存在的普遍问题。这一现象导致企业"干部人才板结"和"流动性缺失"，不仅对企业可持续发展构成威胁，还为新一代领导者的崭露头角带来了挑战。

　　为了让干部群体也能实现良性的新陈代谢，不断优化干部人才结构，激发内部良性竞争，提升组织绩效和人力资本效能，常态化的干部流动和退出机制必须建立起来。

# 干部必须退出的四种情形

　　干部标准是评估干部胜任与否的重要依据，干部标准胜利模型已经详细介绍了合格干部的胜任标准，其中价值观一致、三大特质和三大能力是衡量干部合格与否、未来能否打胜仗的重要指标。当干部出现业绩、能力不合格，或者价值观不匹配，无法满足岗位和组织的胜任要求时，企业本应及时清退这些干部，不过很多时候，企业会囿于员工情感、企业文化、继任者不足、负面影响过大等多种原因无法做到，我们能够理解。但是如果出现图 6-1 所示的四种情形，我们建议企业必须让干部及时退出。

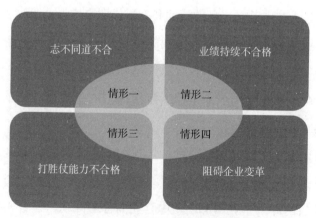

图6-1　干部必须退出的四种情形

**必退情形一：志不同道不合**

企业存在的核心宗旨是使命、愿景和价值观。认同企业使命，将企业愿景视为自己的远大目标，并严格践行企业价值观的干部可称为志同道合的"同路人"。干部与企业"价值观一致"是"事业共创、责任共担、风险共御、成功共享"的基础。

对企业来说，把"价值观一致"作为干部任用的前提条件再基础不过，而且能力越强、层级越高的干部，价值观一致要求越高。须知，能力越突出、层级越高，但价值观与企业越背离的干部，其对组织的破坏性一定越大。价值观与企业不一致的干部，就好似铁锈，腐蚀能力极强，且不易改变，若不及时处理，会不断荼毒组织各个层面，对组织的健康发展产生严重的负面影响。

所以，一旦发现干部与企业志不同道不合，出现触及企业价值观红线（一般也包括品德）的行为，务必秉持零容忍原则，及时启动退出机制，轻则降职调岗，重则免职开除。

**必退情形二：业绩持续不合格**

"当干部就要干事，就要创造业绩"，卓越稳定的业绩贡献是衡量干部能力水平最直接、最重要的标准，而打胜仗、拿结果是干部的天然责任。

如果一个干部不能持续达成组织设定的绩效目标，无法满足组织打胜仗的要求，比如连续两年绩效不达标，说明他已经不适合再担任干部岗位。为了维持组织的绩效和效率，保持干部队伍的活力和能力水平，也为了塑造企业高绩效文化，此类干部也必须及时退出。

但要注意，企业清退干部时不能忽视业绩不达标的原因而一刀切。企业还是要分析干部达不成业绩目标的原因，如果是客观原因，企业仍要再给干部证明自己的机会；如果是干部自身的问题，则应启动退出机制。

### 必退情形三：打胜仗能力不合格

正如干部标准胜利模型所言，三大特质和三大能力是干部打胜仗、取得业绩的底层逻辑和关键因素。一个干部可以凭借运气、机遇达成一时的业绩目标，但如果不具备打胜仗所需的特质和能力，那这类干部打胜仗就存在偶然性和不确定性，也不可能持续达成业绩目标。

很多企业都存在干部因为意愿或能力跟不上企业发展的要求而打胜仗能力不合格的情况。比如很多干部财务自由后小富即安，不愿意继续奋斗努力、主动承担责任，也不主动学习，选择躺平，三大特质一去不复返，干部"变质"。

随着企业规模越来越大，要求越来越高，也有些干部"摘果子、建队伍和优土壤"的能力渐渐跟不上企业发展的要求，特别是摘果子能力越发不足。干部要打胜仗，最核心的是摘果子能力——确立目标（确定要攻什么山头）→策略与计划（想清楚仗到底怎么打）→用人与目标分解（排兵布阵）→督导或群策群力解决新问题（督战，实时研究战况，指挥调整）→完成目标（打胜仗），不具备这种能力是不能打胜仗的主要原因，直接影响工作业绩表现。

为了维护企业的整体利益和长远发展利益，能力不足、特质变质的干部也必须退出。

## 必退情形四：阻碍企业变革

随着外部环境的不确定性越来越强，市场竞争日益激烈，企业面临着前所未有的挑战和机遇。在这样的背景下，心态开放、拥抱变化才是企业发展的主旋律。

但组织变革领域有著名的两大悖论：一是组织越成功，越难以变革；二是员工层级越高，越难接受变革。变革是挑战人性，但不变就是等死，企业只能迎难而上，接受变革，终生成长。如果干部不能快速适应环境变化，灵活应对市场要求，也不积极支持或主动推动企业变革，甚至漠视变化，为一己私利阻碍变革，势必会影响整个企业的持续生存和未来发展，那这类干部也不属于合格的干部，企业应及时让其退出。

# 干部退出的两大途径

虽然企业都知道不合格干部应该退出，但如何让干部退出成了很多企业管理者的困扰。干部群体的特殊性、退出原因的复杂性和退出情形的差异对退出方式提出了很高的要求，也对企业管理水平提出了挑战。

干部退出既要考虑企业平稳过渡的诉求，不影响企业经营管理；同时又要照顾干部的面子和情感诉求，不起纷争矛盾。基于研究，我们发现干部退出主要有两大途径共八种方式（见表6-1）。

表6-1 干部退出常见途径及方式

| 退出途径 | 退出方式 | 说明 | 情形/事例 |
|---|---|---|---|
| 退出岗位 | 发展通道转换 | 针对不胜任岗位要求、不适合管理岗位的干部，可重新定位回归专业通道 | 比如因专业能力出色被提拔为干部的研发、销售类人才管理能力不佳，公司和这类干部达成共识后，可以选择将其转换至专业通道，或者转岗至相对不重要的后台职能岗位 |

（续）

| 退出途径 | 退出方式 | 说明 | 情形/事例 |
|---|---|---|---|
| 退出岗位 | 期满轮换，竞聘上岗 | 基于干部任期制的干部轮岗和重新竞聘上岗 | 适用于明确干部任期要求，签订干部契约的干部群体，任期期满后，可以通过轮岗、竞聘的方式重新签约上岗 |
| | 降职不降薪 | 一种过渡方式，目的是通过各类补偿机制，先让干部退出岗位，然后逐步解决干部彻底退出的问题 | 主要针对某些有更优人选的干部岗位，因直接调整/清退本岗位现有干部影响较大，可以通过降职不降薪的方式处理，在保留干部原有激励水平的前提下，和平沟通，调整岗位，未来再逐步解决干部退出的问题 |
| | 内部角色转换 | 调整干部角色分工，让干部脱离正式的组织架构或其原有职责范围，同时继续发挥干部的经验和特长 | 针对一些位高权重，但业绩已无法满足岗位需求的高级管理人员，通过担任荣誉顾问、内部导师、高位闲职等，实现干部在公司内部的角色转换调整，同时继续发挥干部的可用价值，实现共赢 |
| 退出企业 | 自愿或协议离职 | 干部主动离职或经双方沟通协商，达成退出协议 | 适用于企业或干部任意一方提出退出需求，经双方沟通协商后，达成协议和平分手 |
| | 提前退休（也称内退） | 针对即将达到法定退休年龄的"不合适"的干部群体，可以选择该处理方式，通常伴随着特定的福利或计划 | 华为为了加速内部人才流动，维持人才活力，设定了员工内退计划。法定年龄满45周岁，连续工作8年及以上，年度考评B以上的员工，经公司批准可办理退休手续。内退后，员工可以保留部分额度的虚拟受限股，每年可享有对应额度带来的分红。且针对超过一定数额股票持有量的员工，华为会设定竞业限制，如果员工内退后要去其他竞争公司任职，则华为会回购股票，这在一定程度上限制了此类员工内退后的就业选择。而如果员工选择在45岁前提前退休，公司会按照每股净资产价格回购员工手头的股票 |
| | 新业务分流 | 通过辅业或边缘业务分流的方式为干部提供其他就业岗位 | 主要面向规模较大、实力较强的公司。比如华为成立华为慧通，专门从事华为的商旅服务，借此分流了数百位元老干部，既满足了公司的业务需求，又实现了干部和企业的双赢 |

（续）

| 退出途径 | 退出方式 | 说明 | 情形/事例 |
|---|---|---|---|
| 退出企业 | 内部创业 | 鼓励干部内部创业，并提供相应的帮扶机制，实现干部群体逐步退出公司 | 适用于有一定体量和经济实力的公司，因为公司需要为内部创业的干部提供如现金、资源、平台等多方面的支持和激励<br>比如华为在2000年出台了《关于内部创业的管理规定》，其中指出，凡是在公司工作两年以上的员工都可以申请离职创业，成为华为的代理商。公司为创业员工提供优惠扶持政策，除了给予相当于所持股票价值70%的华为设备外，还有半年的保护扶持期，员工在半年之内创业失败，可以回到公司重新工作<br>腾讯、OPPO、小米等公司都通过帮扶政策，让部分"老人"出去创业，衍生出很多生态圈的合作伙伴 |

上述八种不同方式适用于不同的退出情形，而且不同的方式也可以根据退出干部的情况分阶段组合使用，比如一些重要、敏感的角色，可以先退出岗位，再逐步退出企业等。企业可根据干部退出的实际情况酌情选用。

根据众多企业的退出案例，我们分享3种最典型退出场景的操作方法：

### 场景1：身居高位但能力/业绩不达标的干部，如何有尊严地退出

企业的创业元老，在企业初创期对企业愿景和使命有着强烈的信仰，并为企业奉献了许多努力和汗水。随着时间推移，企业业务逐步扩张，规模日益扩大，不少元老被提拔为高管，担任管理要职。不过有的元老随着企业发展，个人能力和工作意愿开始显露不足，业绩

也逐渐无法满足要求，甚至成为制约企业发展的障碍。多数企业家知道需要对这些元老采取相应措施，但又碍于往日情面，不知道如何处理。

面对身居高位但能力／业绩不达标的元老干部，企业可以对其进行角色转换，使这些昔日的功臣能够在合适的时机有尊严地退出干部岗位。常见的角色转换有 5 种（见图 6-2）。

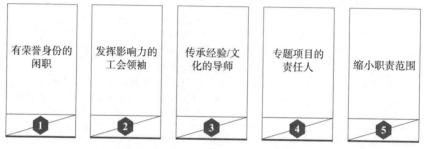

图6-2　5种角色转换

有荣誉身份的闲职：结合干部的工作表现和能力水平，授予其如董事会成员、荣誉顾问、资深副总、专业委员会专家等荣誉身份。这种"明升暗降"的方式既可以维护企业的良好形象，彰显对这类干部的尊重和关怀，也有利于干部退出的顺利过渡，避免因突发变动而对组织产生负面影响。

发挥影响力的工会领袖：鼓励元老干部加入工会，发挥元老在员工群体中的影响力。一方面，老干部作为组织过去的领导者，可以为工会带来更多的关注、支持和经验指导，提升工会的影响力和地位；另一方面，也有助于提升工会的声誉和形象，为工会带来更多的资源和支持，促进工会的发展壮大，提升其服务水平和影响力。

传承经验／文化的导师：身居高位的元老干部通常有着较高的文化

认同和专业经验，是协助组织"建队伍""优土壤"的绝佳人选。因此可以为他们提供导师、教练、培训老师的岗位。

不过对于这种角色转换，许多企业面临的共性问题是，如何让老干部心甘情愿地进行经验复制，培养和推荐新干部，既不担心"教会徒弟饿死师傅"，也能自发自愿地为企业的发展让路。我们的建议是，给足面子，给够里子。既要给予老干部足够的物质保障，让老干部的退出没有经济上的后顾之忧；同时要充分肯定老干部的价值创造，给予精神上的肯定和认可，让老干部能够光荣地退出。

### 案例：西门子针对不胜任高管的导师计划

**背景：**

西门子是一家历史悠久的德国跨国企业，主要业务涵盖工业制造、能源、医疗、交通等多个领域。作为一家全球领先的科技公司，西门子一直以来都处于行业创新的前沿。然而，在21世纪的数字化和自动化浪潮中，西门子面临着来自技术更新和市场竞争的巨大挑战。

特别是在21世纪10年代，随着全球市场对数字化解决方案需求的激增，西门子在这方面的战略布局显得尤为重要。然而，一些元老级高管由于在技术变革中未能及时适应，导致其部门的创新步伐落后于市场需求。

**核心措施：**

为了妥善处理这些高管的过渡，同时保留他们的宝贵经验，西门子决定专门设立导师计划，让这些"不太胜任的高管"担任企业内部的导师。

这一计划不仅是对他们多年贡献的认可，更是利用了他们的专业知识来帮助公司在技术变革中实现顺利过渡，并培养新一代技术领袖。

**导师角色与职责：**

角色：成为其原有专业领域的导师，比如工业自动化、数字化、能源解决方案等领域，负责相关领域团队的指导赋能。

主要职责：

技术经验分享：通过举办技术讲座和研讨会，向年轻团队传授相关专业宝贵经验。

创新思维引导：激励团队成员在项目中采用新技术，培养他们的创新思维，并引导其在实际工作中应用技术。

跨部门协作支持：促进不同部门间的技术交流和协作，提升项目的整体执行效率和创新能力。

团队建设与文化传递：通过导师身份，传递西门子的企业文化和核心价值观，帮助新员工在职业发展中融入企业文化。

**企业提供的支持：**

西门子为这些高管的角色转变提供了多方面支持，以确保他们在导师角色中能够平稳过渡并充分发挥作用：

1.专业培训：为这些人员提供导师角色的专业培训，包括教育技巧、项目管理和知识传授等内容，帮助其适应新角色。

2.资源保障：为这些人员提供先进的技术支持和必要资源，包括访问最新技术平台和使用最新工具，给予匹配的薪资和福利以及可预见的发展可能，确保这些人员转换为导师之后依旧能够获得相应的物质保障和精神激励，确保其成为导师后能倾囊相授，为团队提供实用的指导。

3. 心理适应与支持：为这些人员安排心理辅导和职业过渡支持，确保其顺利适应角色转变，并在工作中保持积极心态。

**成效：**

1. 稳定员工士气：妥善的待遇调整和支持措施避免了因高管变动而导致的员工士气下降和组织动荡。

2. 保留关键经验：将元老级高管的丰富经验和行业知识，通过导师角色传承给新一代管理者，保持了公司的竞争优势。

3. 促进创新和人才发展：导师计划促进了企业内部的创新和人才发展，帮助年轻员工快速成长并适应市场变化。

4. 增强公司文化认同：保留高管在企业内的指导角色，增强了员工对企业文化和价值观的认同，提升了员工的归属感和忠诚度。

西门子通过完善的导师计划，调整元老级"不胜任干部"的角色和职责，成功地实现了管理层的平稳过渡，同时为企业的长远发展和人才梯队建设奠定了坚实的基础。这一策略不仅帮助企业在技术变革中保持了竞争力，也为其他企业在面对类似挑战时提供了有益的参考和借鉴。

专题项目的责任人：企业也可以让元老干部继续发挥专项特长，设立一些适合他们的专题项目（专门的审计项目、新机会调研等），让他们担任项目成员或负责人，这不仅能够充分利用其相关经验和特长，还能够为组织的发展和进步做出重要贡献。例如湖南省株洲市通过一种创新式的"干部到村"专题项目，有效利用退出领导岗位的干部资源，推进乡村振兴和脱贫攻坚，同时避免人才浪费。

### 案例：湖南株洲"干部到村"，焕发干部新风采

**背景：**

在一些地区，地市和县区层面的机关存在干部在达到一定年龄后不再担任领导职务的现象。这些干部虽经验丰富、身体状况良好，但往往面临无具体岗位的困境，导致人才资源的浪费。

**探索与实践：**

株洲市自 2016 年 8 月起，择优选派退出领导岗位的干部（包括退休干部和非领导职务干部）到村（社区）担任党组织书记或第一书记，以期发挥他们的余热，推动乡村发展。

**成效：**

1. 人才选拔与配置：经过选拔，48 名退出领导岗位的干部被派往农村，他们大多具有科级以上背景，其中 7 名为处级干部。这些干部被分配到需要他们专业背景的村庄，如党务干部进"弱村"，经济干部进"穷村"，政法干部进"乱村"。

2. 分配：不同的人员被选派到不同的村庄，根据各自的专业背景和村里的实际需要，精准配对，发挥各自的专长。

例如，刘年生作为原乡镇党委书记，退休后回到朱亭镇红旗村担任村支部书记，成功将一个人心涣散的弱村转变为团结向上的"红旗村"。

陈和平，一位原正处级调研员，退休后来到了浦湾村，面对村民的质疑，他没有退缩，而是带领村干部们建起了新的村级组织活动中心，修通了村间公路，兴修了水利工程，让浦湾村焕发了新的活力。

3. 经济发展与组织建设：选派驻村干部共引进项目资金 9 400

余万元，牵头组建经济组织 125 家，带动集体经济增收，实现人均增收，并帮助 2 160 人脱贫。

4.党建与人才培养：选派驻村干部加强了村级基层党组织建设，培养后备干部 102 人，发展党员 50 人。

过程中，株洲市为选派驻村干部提供了政治和经济待遇，包括解决食宿、办公等问题，落实补贴等，并实施全方位考核，确保干部能够待得住、干得好。

实践结果表明，通过专题项目形式的合理配置及有效管理，退出领导岗位的干部可以成为推动基层发展的重要力量，为乡村振兴和脱贫攻坚贡献力量。

缩小职责范围：制约元老干部业绩产出的因素有很多，管理幅度、职责内容超出了其能力边界是重要的原因之一。对此，企业可以重新评估这类干部的能力和意愿，并基于其特点"因人设岗，人尽其才"，缩小他们的工作职责范围，使其在更加聚焦和擅长的领域内充分发挥自己的能力优势，从而提升业绩表现，使其职业生涯迎来新春。

### 场景2：优秀的专业骨干，不合格的干部

一名合格的干部不仅需要具备专业技能，更需要优秀的管理能力，以便有效地领导团队并发挥最大的价值。

但在不少企业我们发现，许多干部虽具备较强的专业能力，但缺乏有效的管理能力，无法发挥干部岗位应有的价值，他们是优秀的专业骨干，但不是合格的干部。这类干部的共同特征是大多从业务骨干晋升而来，擅长解决日常运营中的业务问题，但普遍存在领导力不足、

不会带团队、协调沟通能力差等问题。

对此，企业可以转换这些干部的职业发展通道，让他们回归更适合的专业通道。

要实现干部发展通道顺利转换，企业要建立科学、合理的职位等级体系，明确员工多通道的发展路径，设定清晰的职级晋升标准，如此才能使干部可以通过转换通道退出干部岗位（见图6-3）。

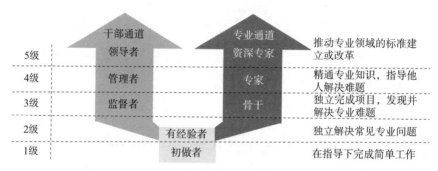

| | 干部通道 | 专业通道 | |
|---|---|---|---|
| 5级 | 领导者 | 资深专家 | 推动专业领域的标准建立或改革 |
| 4级 | 管理者 | 专家 | 精通专业知识，指导他人解决难题 |
| 3级 | 监督者 | 骨干 | 独立完成项目，发现并解决专业难题 |
| 2级 | | 有经验者 | 独立解决常见专业问题 |
| 1级 | | 初做者 | 在指导下完成简单工作 |

图6-3　职业发展通道

而要实现干部通道的顺利转换，关键是明确转换规则、匹配薪资和合理评估三大措施。

措施一：明确转换规则。

不胜任干部职业发展通道的转换规则，一般就是平级或降级转换。

平级转换：发展通道发生变化，但职级未变，意味着"政治待遇"没有发生变化，干部的接受度相对会高，通道转换相对顺利，也能激励退出干部积极投入新的工作角色，在新的岗位上继续发挥专业价值。

降级转换：发展通道发生变化，且职级相比在干部通道时降低1～2级（一般是降1级），带有惩罚和一定负激励性质。益处是鲜明表达干部的任用导向——能者上庸者下，也能激发现有干部的危机感；

弊端是退出干部的面子和待遇会受到损伤，影响退出干部在专业岗位上的工作积极性和产出效率。

在实践中，上述两种通道转换方式都很常见，不过从实操的角度来说，考虑到退出干部的专业价值和干部退出的顺利进行，我们通常建议采用平级转换，但该级别只有6～12个月的保护期，保护期期间维持现有级别及待遇，保护期结束后，根据专业通道各职级的任职资格进行评估并重新定级，如果达不到现有职级的任职资格，则降至匹配的职级，待遇随之调整。

措施二：匹配薪资。

薪资体系的完善是影响通道转换成功与否的重要因素之一。科学、合理、公平的薪资体系能够正确传递企业价值导向，保证退出干部顺利完成通道转移，同时也是后续进行职级薪酬调整的重要依据。

在薪酬体系的匹配上，必须遵循以岗位和能绩为导向的薪酬设计原则——以岗定级、以级定薪、人岗匹配、易岗易薪，其核心就是建立职级与薪酬的对应关系，干部要与岗位及职级的能力业绩要求匹配，干部的薪酬根据岗位、职级的匹配度动态调整，能高能低。

当然，为提高退出干部通道转换的成功率，推动退出干部的职业发展和公司的整体发展，在实践中，不管是平级还是降级转换，退出干部的薪酬待遇可以在6～12个月内保持不变。保护期结束后，根据实际的定级情况匹配薪资。

措施三：合理评估。

为确保顺利完成退出干部的通道转换，合理的任用评估机制也要建立起来。

转换前评估：企业需要对退出干部的能力、业绩、经验等情况进行综合评估，以判断其适不适合转换通道以及确定转换后的通道、职级和岗位等信息，以提高其转换的成功率，帮助其继续为企业创造价值。

转换后评估：通道转换后，特别是保护期结束后，企业需要依照新职级和新岗位的任职要求对退出干部进行重新评估，从而将其安置在最合适的职级岗位上。

要强调的是，为确保通道的成功转换，企业与干部做好转换前的沟通十分必要。一方面要帮助干部更充分地认知自己，企业既要认可干部的专业价值，增加他们的信心和动力，又要指出其管理不足和未来提升改善的方向；另一方面要说明转换通道的规则和原因，并与干部对转换后岗位的目标、职责、职级、待遇、未来发展空间等内容达成共识，保障双方的权益。

### 场景3：明显不胜任，但是退出代价大

许多企业知道有些干部明显不胜任，也无法挽救，但就是不敢动。企业似乎陷入了一种困境，既要解决干部不胜任对企业发展的不利影响，又要考虑直接清退干部的高昂代价，比如：因为干部薪资高、工龄长导致企业直接经济损失大；没有继任者，因此可能造成潜在业务损失；抑或因涉及敏感岗位可能致使机密信息泄露。因此，不少企业望而却步，想动又不敢动。

丘吉尔说："没有什么错误会比误以为事情会自行解决的妄想更令人不可饶恕了。"许多企业可能都抱有侥幸的心理，不想有太大损失，勉强任用不胜任的干部，但往往发现拖得越久，问题不仅没有消失反而越发严重，对企业的危害越来越高，退出代价也越来越大。面对这

种情况，我们建议"尽快退出，及时止损，和平分手"。

### 经济性因素障碍

如果阻碍干部退出的单纯是经济性因素，比如经济性补偿太高等，我们认为企业应该及时止损，因为拖的时间越长，直接损失只会越大。而且，干部不胜任带来的产品质量损失、工作效率损失、客户流失损失、客户满意度损失等间接损失也将成倍增加。所以，不胜任干部晚退出，企业付出的经济成本只会呈指数级增长，得不偿失。

有些企业指望通过绩效评估先进行调岗、调薪降低成本，或者通过刁难干部让其不堪压力主动离职等方式降低经济性损失，即使这种方式最终可以实现不胜任干部的退出，也并非明智之选，反而可能会带来潜在的更大损失，比如雇主品牌的影响、行业声誉的损失、干部的过激行为等。

相反，如果能给予退出干部尊重，友好协商，和平分手，相信企业未来也能够得到相应的回报。

### 经营性因素障碍

如果阻碍干部退出的是业务/客户受影响、商业秘密泄露等因素，我们过往的操作方式是"先退出岗位，再退出企业"。

先退出岗位就是先让这类不胜任的干部离开现有岗位，通过"内部角色转换"的方式让其担任企业内部的其他职位，保持其职级、工资等经济性待遇不变以便顺利过渡，用时间换空间的方法逐步降低这类干部对企业日常经营的影响，保障企业安全稳定运行。

待经营性因素障碍影响降低，企业基本能承受这些干部退出的风险时，再通过友好协商、和平分手的方式让其退出企业。

# 干部退出常态化建设

"江山代有才人出，各领风骚数百年。"企业应该尊重人才，但绝不能因为人情、成本迁就人才，历史的发展规律决定了企业要实现可持续发展，应该使干部退出常态化，这不仅需要一套机制，更是要求企业把干部退出变成一种文化。这种文化一旦形成，干部退出就能变成企业一种自发、自觉、自愿的行为，也就能持续激发干部活力和动力，持续推动企业进步和发展。

## 建立干部退出的文化

退出机制的设立必须让文化先行，而干部退出文化形成的前提是一个共识——干部不是终身制，也没有铁饭碗。这意味着，任何干部，不管是什么级别，只要被证明不能承担使命、履行好干部的职责，不胜任干部岗位了，就必须退出干部队伍，让位给更有能力者。

企业要建立干部退出的文化，并不能只靠一句口号、一条标语，关键还要建立相应的管理机制来帮助干部退出文化形成。这一套机制包括但不限于以下内容：

（1）干部选拔和评价机制：干部标准，任职资格，人才盘点。

（2）干部任用机制：任期制，轮岗制，干部述职，绩效管理。

（3）干部激励机制：升降级、职等职级工资制，正负激励规则。

（4）干部退出机制：末位淘汰，竞聘，干部行为准则。

只有这些配套机制建立并运行起来，干部才能真正地流动起来，进而逐渐实现企业干部退出的常态化。

研究发现，干部退出文化和退出机制建立的关键是领导者的以身作则。国内很多企业内部经常会出现"刑不上大夫"的情况，导致干部流动和退出变成形式，成为很多干部排除异己、拉帮结派的工具，这是退出机制的悲哀。只有企业的领导者能够以身作则，支持并带头践行干部流动及退出机制，干部退出文化和退出机制才有可能真正被所有干部重视和认同，变成支持企业发展的利器。

## 案例：湖北联投让"躺平式"干部"不躺平"

### 背景：

湖北联投集团（简称湖北联投）作为一家国有企业，在面临激烈的市场竞争和内部管理挑战时，采取了一系列措施建立了内部干部"能上能下"的机制和文化，旨在打破传统的"铁交椅"和"铁饭碗"，通过实施"能上能下"的用人机制，激发干部队伍的活力，提升企业的竞争力和市场响应速度。

### 核心措施：

选拔、任用机制改革：强化了以业绩和能力为导向的选拔和任用机制，确保优秀人才得到晋升，不胜任者得到调整或退出。

创新竞聘方式：推出"自行组阁"的团队竞聘方式，激发了全员的创业精神和工作动力。

明确"上下"的规范：制定了38种具体情形，涵盖了工作业绩、工作态度、纪律遵守等多个方面，作为干部岗位调整的依据。既考察干部岗位实绩，又考察日常工作表现，从而完善与之对应的薪酬分配机制。

跟踪考核与再启用机制：对"下后干部"进行持续的跟踪考核，为符合条件者提供重新启用的机会。

**实施过程与细节：**

1. 湖北联投通过强化考核机制，累计使26名二级公司班子成员落聘下岗，90名中层干部退出管理岗位，685名员工因不胜任而退出。

2. 在改革过程中，集团注重沟通和心理辅导，帮助干部放下心理包袱，调整心态，重新面对工作挑战。

3. 改革实施后，集团的选人用人评价和从严管理监督干部评价，满意度双双达到100%，显示出改革的积极效果。

**改革成效与影响：**

干部"能上能下"机制的建立及完善，使湖北联投集团内部氛围有了明显改善，"躺平式"干部被激活，业绩创造成为主旋律。在变革的东风之下，湖北联投营业收入首次突破千亿元大关，核心指标在省属国企中名列前茅，近3年来社会贡献总额超过500亿元。

改革不仅提升了企业的经济效益，更重要的是，它为干部队伍注入了新的活力，使企业形成了积极向上、勇于担当的企业文化，特别是在如何平衡刚性规则与柔性管理，以及如何在改革中关注人的发展和感受等方面的经验值得借鉴。

## 后备梯队建设是关键

从企业稳健经营的角度来说，所有在职干部都应该有继任者计划。提前培养和储备干部梯队，提升企业人才厚度，确保企业各干部岗位具备潜在的继任者，这样才能为干部的流动做好人才准备。

为什么很多企业干部流动不起来，不胜任的干部又退不下来，最主要的一个原因就是企业内部干部人才太少，梯队建设不全。企业家们经常向我们抱怨，企业内部干部人才太少了，现有干部退下来没人能顶上。他们也尝试外招干部，但其匹配性和"存活率"也不高。迫于无奈，只能先"将就用着"现有干部，至少还能干点儿活，能发挥一点儿价值。

对于干部这样的关键岗位和关键群体，最佳的获取方式是外部猎取和内部培养双管齐下，加速干部人才储备。没有储备，干部的流动和退出一定会变成一句空话，所谓的干部退出常态化也根本不可能实现。究其根本，标杆企业为什么能进行干部流动，甚至强制干部流动，其底气在于建立了强大且有效的干部储备和培养机制，外部招得来，内部长得快，干部人才规模大，所以不会被任何人员绑架，有足够的主动权来实现干部退出的常态化。

干部退出机制对于培养领导者、促进企业人才流动和更新、激发组织活力和创新以及传承组织文化等都有重要的价值和意义。因此，不管多难，企业都要有长远的视野和坚定的决心，高度重视和有效管理干部退出，以建立组织的竞争优势，助力企业长青。

最后我还想说，干部退出机制并不是单向的退出后永不录用，只要退出干部在新的岗位重新证明自己，通过修炼提升又符合了干部标准，企业就可以重新启用。不能歧视退出干部，而要真正做到干部"能上能下"。只有真正做到干部"能上能下"，干部退出才能常态化。

# 第7章

# 蓄好三大干部资源池

一项针对规模最大的2 500家上市公司的研究显示，CEO即将离职时才努力寻找继任者的公司，股东价值平均损失18亿美元。另一项研究表明，公司在遭遇继任者危机时任命新CEO所花时间越长，之后的表现相对同类公司而言就越差。杰克·韦尔奇说，"长寿的大公司一是靠企业文化的传递，二是靠接班人的培养"。由此可见，企业提前发现并培养继任者，尤其是针对干部群体，提前储备干部资源池是非常必要的。

干部资源池，顾名思义，就是用来储备后备干部梯队的人才池。有潜力做干部的人才会被放在干部资源池里重点关注和培养，一旦干部岗位出现空缺，企业就可以优先从干部资源池中选拔合适的人才让其填补空缺，从而保证干部岗位人才的持续供应。与此同时，干部资源池的设置也是企业激发现任干部活力和危机感的重要手段。

那么，到底如何做好干部梯队管理？我们建议企业从现有干部资源池、干部源头池以及外部干部资源池这三个池子出发蓄好干部资源池。

# 盘活现有干部资源池

如何蓄好现有干部资源池？华为提供了很好的思路。华为早期也曾在干部的选拔与任用中遇到不少问题，比如干部岗位出现空缺后才匆忙想着选谁，任命谁，毫无准备；不仅如此，因为平时没想过要主动、有序地盘点人才，导致干部岗位空缺时选人难，无法识别部门内部高潜力人才，同时也看不见（部门）墙外的人才。

为了解决这些问题，华为借鉴IBM的经验实行TSP（Talent Succession Plan，继任管理），以实现任何一个干部岗位上的任职者，不管出于什么原因离开岗位，继任者都可以马上补位，保证企业各项工作正常进行。

TSP是指企业通过建立系统化、规范化的流程来寻找、确定可能胜任企业核心管理岗位的梯队人才，并且有计划地加速培养，以便能够在适当的时间将关键人才补充到关键岗位，满足业务发展需求。

TSP的核心价值在于帮助企业了解现有干部和梯队人才的能力现状，并通过不同的发展计划不断提升干部梯队人才的准备度，以便随时上岗，真正做到"召之即来，来之能战，战之能胜"的程度。

## TSP五步法

根据标杆企业的实际做法和我们的咨询实践，TSP是一个系统工程，完整的 TSP 主要包括干部规划、选择目标岗位和继任范围、梯队人才能力评价、继任准备度盘点、制订精细化发展计划五个核心步骤（见图 7-1）。

图7-1　TSP五步法

### 第一步：干部规划

继任计划的首要工作是企业对干部队伍进行整体规划，重点是明晰干部的供需情况，如图 7-2 所示，这是 TSP 工作的起点。

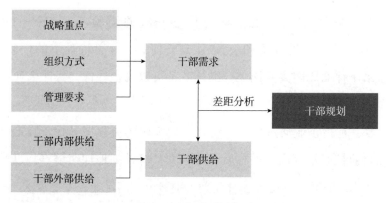

图7-2　干部规划逻辑图

企业需基于未来战略规划、组织架构以及管理要求的分析输出企业的关键岗位列表及干部数量需求。与此同时，企业结合现有关键岗位在岗干部情况及内部供给情况（来源于干部盘点），对比干部数量需求从而大致计算出未来关键岗位的干部缺口和继任准备度要求，这就是干部规划。

干部规划在实施方法上相对比较成熟，常用的方法有预算控制法、标杆分析法、人员配比法和管理幅度控制等，我们在此不一一介绍。但需提醒的是，与销售、生产等一般员工的数量规划不同，干部数量因为影响因素比较多，所以弹性相对比较大，所以干部数量规划的总原则是"关键岗位适度宽松，总体从严控制精兵简政"，避免企业因继任规划而超配干部，致使组织变得臃肿官僚。

### 第二步：选择目标岗位和继任范围

干部整体规划之后，企业要对干部岗位进行分级分类，基于干部岗位的重要性和紧迫程度划分出级别，同时针对各个干部岗位的特点划定企业内部人才的继任岗位范围，输出岗位继任表，如表7-1所示。

表7-1　目标岗位和继任范围选择示例

| 目标岗位 | 继任范围 | | | |
|---|---|---|---|---|
| 研发总监 | 高级研发经理 | 资深工程师 | 高级产品经理 | … |
| 营销总经理 | 市场总监 | 产品总监 | 营销总监 | … |
| 生产厂长 | 车间主任 | 生产管理经理 | 工艺经理 | … |
| ⋮ | ⋮ | ⋮ | ⋮ | ⋮ |

在梳理继任人才范围时，有三点注意需要提醒：

（1）虽然干部岗位都很重要，但不同的干部岗位仍有重要程度的差别，这就意味着企业要先从最为关键和重要的干部岗位开始进行梳理，直至所有干部岗位梳理完成。

（2）一般来说，高层干部的继任者是中层干部，中层干部的继任者是基层干部，基层干部的继任者是核心骨干员工，这是传统的纵向继任范围的梳理。但除此以外，别忘了还有横向继任范围的梳理，比如跨职能类的干部和专业通道岗位。研发总监的继任者可能是高级研发经理，也可能是高级产品经理或资深工程师。因此在梳理继任范围时，企业要根据目标岗位的胜任力特点来全面扫描内部继任岗位，确保地毯式选拔人才，不遗漏任何一个。

（3）在梳理人才继任范围时，大企业可以控制一下筛选范围，但中小企业讲究广而深，因为中小企业人才储备相对较少，所以在梯队建设上人才选拔范围要大，层级跨度也可以拉开，不仅是 N-1 层（低于干部层级 1 个职级），有时甚至可以扩大到 N-2 和 N-3 层（低于干部层级 2 个和 3 个职级）。

### 第三步：梯队人才能力评价

对目标岗位现有继任范围内岗位上的人才数量和质量对照干部标准定期进行全方位的评价打分，评价的重点无外乎价值观、特质、能力、业绩情况，还有学历、经验、技能等基础条件信息（详细内容可参考本书第 2 章的干部标准胜利模型），这些评价结果作为 TSP 后续步骤的基本输入。

为提升继任者的成功率，提升继任计划的管理效率，一般而言，进入干部资源池都会有一定的门槛，并不是继任范围内岗位上的所有人都能进入资源池。

最常被用作门槛的是价值观、业绩条件和任职年限三项。一般而言，继任范围内岗位上的干部，未触发价值观否决项且业绩良好，任职年限超过一年基本就可以进入资源池。各个企业可根据自身干部状况灵活设置门槛，比如在华为只有业绩排名前 25% 的优秀员工才能进入战略预备队。中小企业在人才可选范围相对有限的情况下，务必不要把干部资源池的门槛设得太高。

第四步：继任准备度盘点

为了更加细致地掌握干部队伍的继任者准备情况，基于梯队人才的能力评价结果，企业要按照继任准备度将继任候选人进行分级，并统计出各级别人才的准备度情况。

结合企业咨询实践，我们建议企业可以将继任准备度分为两个等级（见图7-3）：

一级准备度：现在可继任，人才已经符合目标岗位要求的全部标准。现有岗位与目标岗位同职级，如果目标岗位有空缺，现在就可以继任。

二级准备度：还要培养锻炼，在现有岗位能力完全达标，且绩效突出；但距离目标岗位的职级还差1～2级，距离目标岗位的任职标准还差1～2项关键能力，预计在未来1～2年成熟。

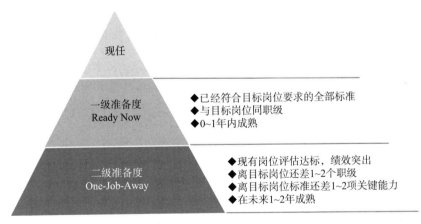

图7-3　继任准备度分级

第五步：制订精细化发展计划

通过继任准备度盘点，如果发现关键干部岗位一级准备度人才数量为零或者很少，二级准备度人才数量尚可，那对企业来说，干部的任用和管理就存在短板，急需补齐。企业要通过精细的人才发展计划来不断提升干部梯队的准备度，保障干部岗位人才管理的主动权。

因此，在继任准备度盘点之后，需要针对关键岗位的后备梯队充分讨论，基于继任候选人的情况制订详细的组织培养计划和个人发展计划，明确时间要求、责任主体、提升能力、发展方式、产出成果等内容，从而保证梯队人才能力和继任准备度的快速提升。

## 50%的准备度是红线

通过 TSP 的继任准备度盘点，企业可以清晰掌握干部梯队的整体准备度，一般会通过"TSP 一张表"完整呈现，如表 7-2 所示。

表7-2  TSP一张表

| 现任信息 | | | 继任者信息 | | | | | | | | |
|---|---|---|---|---|---|---|---|---|---|---|---|
| | | | 一级准备度 | | | | 二级准备度 | | | | |
| 岗位名称 | 职级 | 姓名 | 职级 | 姓名 | 干部评估结果 | 发展计划 | 职级 | 姓名 | 干部评估结果 | 绩效结果 | 关键能力差距 | 发展计划 |
| 研发总监 | 8级 | 小王 | 8级 | 小张 | 合格 | 提升领导力 | 6级 | 小李 | 合格 | S级 | 跨部门管理经验 | 一年内轮岗，重点提升跨部门管理经验 |

基于此，企业的干部继任准备度计算公式为：

$$干部继任准备度 = \frac{一级准备度干部数 + 二级准备度干部数}{现任干部总数 \times 2} \times 100\%$$

$$干部继任一级准备度 = \frac{一级准备度干部数}{现任干部总数} \times 100\%$$

通过干部继任准备度的计算，企业可以评估现有干部继任准备度的水平，其中有两个关键的经验数据值得企业关注和重视。

### 1. 干部继任准备度不低于50%

对整个企业来说，整体的干部继任准备度不得低于50%。低于50%意味着企业一半以上的干部岗位在未来2年内都没有继任者，这无疑是干部队伍管理的巨大风险，是干部梯队建设的红色警报。企业需要尽快干预，并采取内部提拔、外部引进等各种手段快速提升干部继任准备度。

### 2. 高层和关键岗位干部继任一级准备度不低于100%

从层级和类型上来说，高层和关键干部岗位在组织内是绝对的关键少数，它们的变动和缺岗对企业的发展影响巨大，所以一般高层和关键干部岗位的干部继任一级准备度需要达到100%。

中层干部岗位重要性相对低一些，选择范围也相对较大，所以其干部继任一级准备度可以相对较低，但是一般也不建议低于50%。

如果发现高层、关键岗位和中层干部岗位继任一级准备度未达标，企业应要求在岗干部和干部管理机构在为期1年内让干部继任一级准备度达到上述红线值，并以此作为干部和干部管理机构履职评估的关键事项。

京东非常看重继任者的培养，并且规定，每个总监、副总监职级以上的管理者在同一个职位任职两年的时候，必须指定一个Backup（继任者）作为备份，而且这个继任者必须经过刘强东和人力资源部的认可才算合格。如果一个管理者在同一职位同一部门工作两年都没有找到一个让公司认可的Backup，那么就会被就地免职，立即辞退。这正是京东保障优秀干部持续供给的重要方式之一。

### 要么进步，要么退出

除了了解干部继任准备度的现状，TSP 的第二个关键内容是制订相应的发展计划进而保证干部继任准备度不断提升，这是盘活现有干部资源池的根本。因此，企业还需要为干部资源池搭建一个进入退出的约束机制，让资源池像一个不停摆动的筛子，资源池中的干部要么进步，要么被淘汰，没有第三个选择，从而保证资源池的持续流动。

对很多缺少干部人才的企业来说，干部资源池可以设置成一个宽进严出的系统，但淘汰机制必须贯穿整个资源池的搭建和运转，以保障资源池真正发挥储备和输送合格干部的作用。

一般淘汰规则的设置如下：

（1）触及企业规定的高压线者直接淘汰出资源池。

（2）各阶段考核和考察达不到标准者直接淘汰出资源池。

（3）培养周期结束后综合评价排名为末尾 5% 者直接淘汰出资源池。

（4）新提拔的干部必须从相应层级的干部资源池中选拔，3 年内没有得到任用的干部直接淘汰出资源池。

干部资源池是一个开放的系统，不仅表现出色的新人可以被选拔进资源池，被淘汰的人才改进后也可能再进入，但再进入资源池后也随时有可能被再次淘汰。

所以，为配合进入和淘汰退出机制，企业需要同步完善干部资源池动态培养档案，为干部的职业生涯发展提供依据，通过建立人才年审机制，对后备人员实行动态管理，结合年度考核和评价情况，每年对资源池中的干部进行一次调整。

干部资源池是一个"熔炉"而不是"保险柜"，只有那些始终能够不断进步、通过最严格考验的人才，才能真正走上各级干部岗位，不进则退是这个系统最基本的准则。

## 打开干部源头池

"问渠那得清如许，为有源头活水来"，想要保证干部队伍有源源不断的供给，打开干部源头是关键。

企业界一直把"管培生"视为优秀年轻干部的"源头工程"。管培生最早是外资企业以"培养公司未来领导者"为主要目标的人才储备发展项目，培养对象一般是毕业三年之内的大学生，最主要是应届毕业生。比如著名外资公司宝洁、玛氏的管培生都曾是中国大学应届毕业生们最向往的工作之一。

管培生制度因其选才要求高、人才成长速度快、人才待遇相对好等优势，有助于企业增强对有领导潜能人才的吸引力，快速培养优秀的领导人才，从而使组织保持持久的竞争优势。中小企业由于平台有限，对外部成熟人才的吸引力相对较弱，但如果能发挥好管培生的优势，就可以更快地为组织输送干部人才。

相关研究显示，中小企业由于其规模较小，通常只需三年左右的时间便可以通过管培生制度迅速培养一批优秀的中层管理人员，迅速提高企业的干部人才厚度和素质水平，推动企业健康、快速地成长。因此管培生制度对快速成长及有抱负的中小企业有着更加重要的意义。

不过要真正发挥管培生制度的高、快、好的优势，打开干部源头池，企业关键要做好下述两点。

**明确画像，精挑细选**

　　培养的前提是选择。管培生的定位既然是企业未来的领导者或干部，那对管培生的选拔就提出了很高的要求，只有通过严格的筛选标准，将具备培养潜力的应届毕业生筛选出来，再通过高效的培养过程，才能为企业未来干部梯队储备合格的干部人才。

　　2014年，京东在美国纳斯达克上市，在刘强东敲钟的时候，站在他旁边的京东投资者关系总监李瑞玉是京东第五届管培生；京东并购1号店之后，走马上任的CEO余睿是第二届管培生；京东商城人力资源与行政管理部负责人季尚尚是第三届管培生；现集团CHO张雱是第五届管培生。刘强东在分享成功经验时表示，对京东最满意的就是管培生计划——"管培生京鹰会"。

　　京东管培生的录取率非常低，基本上只有千分之二，可见其筛选的严格程度。以2025届管培生的选拔条件来看，京东的要求见表7-3。

表7-3　京东管培生人才画像卡

| 京东2025届管培生人才画像卡 | |
| --- | --- |
| 基础条件 | 2025届本科及硕士毕业生（毕业时间：2024年10月~2025年9月） |
| | 出色的语言能力（至少具备一门外语的良好沟通能力） |
| 品德和价值观 | 热爱电商与互联网（拥有长期投身零售、物流、科技、健康、国际化等业务的初心；不惧挑战，积极抗压，坚韧自律，追求个人价值实现与事业成功） |
| 特质和能力 | 自我迭代（强烈的自驱力、好奇心与求知欲，具备逻辑化与多元化的思考方式）<br>责任感（出色的沟通能力，强烈的责任意识，擅长多任务、跨部门的协同与推进） |

　　经过我们的实践研究，我们建议更多的企业可以按照表7-4所示的人才画像按图索骥地进行挑选，此画像直接对照干部标准胜利模型，把

真正具备干部潜质的管培生筛选出来，从而为打造干部源头池夯实基础。

表7-4　管培生人才画像卡

| 管培生人才画像卡 | |
|---|---|
| 基础条件 | 大学毕业时间不超过2年 |
| | 成绩优秀（在班级/院系/校排名前10%、获得过奖学金等） |
| | 在校期间担任过学生干部 |
| 品德和价值观 | 没有违法违纪行为、学术不端和道德品行相关问题 |
| | 认同企业使命、愿景和价值观 |
| 特质 | 求胜、利他、好学 |
| 能力 | 逻辑思维、组织协调、人际沟通 |

## 专项培养，让管培生快速成为干部

精挑细选，意味着管培生的成长速度大概率快于普通员工，Unicareer 的一项研究发现，管培生的发展速度在 3 年后将与其他社招人员的平均发展速度相差甚大。管培生一般入职 3 年即可迈入企业的中层管理岗位，而普通社招的新员工需要 5 年甚至更长的时间。

不过根据《第二届中国管理培训生项目现状与发展调研报告》，当前企业的管培生培养仍然存在几个突出问题。

（1）八成以上的企业管培生项目的发起人主要为人力资源负责人，高管和业务部门管理者参与较少。

（2）管培生项目缺乏完善的评估体系。

（3）超过五成的企业没有相应的人才培养计划的衔接。

（4）内部资源与晋升空间有限是最大障碍。

如何解决这些问题，让管培生快速成长为干部？京东在管培生的培养上给出了一个很好的示范。

京东针对管培生制定了一个"鹰计划"培训体系，为期三年，一年一个阶段，按照主管、副经理、经理来培养管培生，每一培养阶段的目标、培养方式及内容定义清晰。管培生项目组将全程与管培生一起，帮助其融入公司，了解京东文化，并持续关注管培生的成长与发展。京东还会从副总裁和总监层级选出优秀的管理者作为导师，对管培生进行专门的指导，以激发和培养其全局视野、思维决策、变革应对等领导能力。除此之外，管培生还享有很多特权，比如，接受包括刘强东在内的高管授课，跟随刘强东出席商务宴会，受邀去刘强东家中做客等。

京东管培生项目具体的培养方式包括轮岗历练、项目竞赛、职务拓展、影子计划、高管助理、京鹰沙龙等，让管培生深入核心业务部门了解、熟悉、学习公司运作流程以及管理经验。在每个培养阶段，京东会通过人才盘点、360度评估、全景反馈等多种方式对管培生进行评价，再根据管培生个人专长、能力特点双向选择安排匹配的岗位，以提供横、纵向发展的机会。

通过京东的案例可以发现，经过严格筛选进入管培生项目的候选人，还必须经过科学、严密的培养路径规划才能加速成长，快速进入干部资源池。对此，企业需要掌握管培生培养的几个核心点。

### 1. 以集中培训开始，快速完成身份转变

集中培训可以帮助管培生完成从校园人到企业人的快速转变，所以对于新入职的管培生，我们建议从封闭式集中培训开始开启职业生涯，时间一般为2～4周。华为、小米、顺丰等标杆企业，都是首先开展管培生的集训。

管培生的集训内容一般包括企业介绍、职业素养、规章制度、必

要的产品知识、工作技能等，但企业文化与价值观是培训的重点。企业要充分利用好集训阶段，解决好管培生融入及文化传承的问题，为他们打上企业的烙印，从而让其做好心理准备，快速走上工作岗位，产生价值。如果管培生与企业文化和价值观一致性不高，企业要在集训中识别出来，快速地剔除。

### 2.明确职业发展路径+系统化的培养

管培生的职业发展路径通常在入职时就应规划清晰、目标明确。这种清晰的晋升通道和发展预期可以激励管培生更加努力，快速提升自身能力。而在其职业生涯的各个阶段，企业都应设计系统且有针对性的培养项目，这些项目包含课程培训、轮岗、项目课题实战、职务拓展等各种类型，从而使管培生的能力得到全面发展和快速提升，具体培养模式可参考本书第5章相关内容。

同时，企业也要在每个职业发展阶段，对管培生的能力和绩效表现进行评价反馈，再根据管培生能力特点和组织需要来安排更具匹配性的岗位，支持其更快成长，由此形成系统化培养和快速职业发展之间的正向循环。

### 3.一把手亲自负责管培生项目

企业高层领导亲自担任管培生项目负责人并参与其中，一方面可以向管培生和内部干部传递企业对管培生项目重视的信号，让他们认真对待管培生项目；另一方面也可以为管培生提供更高层次的指导和更多资源的支持，推动管培生项目顺利开展，保障管培生项目成功。

除此以外，一把手也会为管培生项目挑选导师团，并为每位管培生额外配置一个成长导师，关心他们在企业的工作、生活，随时提供跟踪辅导和反馈面谈，帮助管培生更好地融入组织，快速成长。

### 4.到一线去充分轮岗

"宰相必起于州部，猛将必发于卒伍"，为了培养全面发展的管理者，管培生必须到企业一线和业务部门充分轮岗。通过将集中轮岗和自由轮岗相结合，管培生能够深入了解企业的运营模式和业务流程，深度参与不同岗位和业务领域的工作，获得跨部门、跨领域的综合经验和能力。但需要注意的是，管培生到一线轮岗绝不是去"镀下金就走"，而是要保证"三要"：一线岗位轮岗时间要充分；重要一线岗位覆盖要全面；轮岗表现评估成绩要优异。只有做到上述"三要"，才能为管培生未来快速成长奠定基础。

### 5.高强度的训练和评估，快速提拔或退出

管培生的快速成长是由高强度的训练、实践和评估作为支撑的，所有标杆企业的管培生项目往往给予他们较大的责任或挑战性任务，这种高压环境促使管培生在短时间内提高问题解决能力、决策能力和领导能力；同时，培养过程伴随着严格的评估、筛选机制。对管培生进行定期评估和能力测试后，对表现优秀的管培生加速提拔晋升；对表现不佳、存在问题的管培生及时提供帮助和支持，帮助他们改进工作表现；持续表现不佳的管培生，应及时令其退出管培生项目。

最后需提醒企业的是，管培生项目需要日积月累、持续开展，不能指望仅开展一两期的项目就能为企业选拔出一批优秀的干部。特别是早期的管培生项目，由于操作经验和培养体系不成熟，一次成功的可能性微乎其微。但凡启动管培生项目的，一般都是每年滚动实施，一期一期地开展，虽起于微末，但百川汇入，终成奔流之势，最终将为企

业源源不断地输送一批又一批忠诚度高、能力强、素质优的干部人才。

# 建立外部资源池

对于干部等关键岗位的人才供给，有一个原则——最快满足。因为这些关键岗位的人才缺岗会为企业的经营发展带来致命性的影响，所以一旦这些岗位出现空缺，一定要第一时间补位合适的人。

对很多企业来说，某些干部岗位人才稀缺，培养周期长，除了积极做好企业内部干部人才梯队打造外，从外部直接招聘也是经常采用的方式。因此，企业要未雨绸缪，通过建立外部资源池的方式，增强企业对关键岗位干部的人才获取能力。

所谓外部资源池，顾名思义，就是整合企业外部的优秀干部资源。这些干部能力出色，可能与企业内部某些干部岗位比较匹配，但目前供职于其他单位，不属于企业内部人才。未来如果条件具备，企业可以快速招揽其加入，从而解决干部岗位人才缺位的难题。

比如，海尔就是通过完善并积累外部人才库，为业务扩张提供能力图谱和人才后备，等到匹配的职位开放后寻找合适的窗口与外部优秀人才接触，促成"即需即供"，支撑业务高速发展。

建立外部资源池，企业可以分三步走。

## 输出关键能力和岗位图谱

企业应首先基于未来战略发展需要，输出企业未来所需的关键能力和关键岗位图谱（梳理方法参见表5-2），同时结合干部盘点对企业内部干部岗位上的人才状况进行扫描，尤其要重点识别出四类能力和岗位：

（1）未来企业急需但当前内部不具备也很难培养的能力和岗位。

（2）当前勉强或不太胜任，但内部也无从提拔的能力和岗位。

（3）离职风险高，内部无继任或继任准备度非常低的关键岗位。

（4）行业内人才比较稀缺的能力和岗位。

当厘清上述关键能力和岗位后，企业需要对未来的干部需求数量进行规划和预测，并结合干部标准构建出这些关键能力和岗位干部的人才画像卡，以便精准而快速地找到匹配度高的干部人才。

## 绘制中高层干部外部人才地图

对照干部岗位人才画像卡，企业应根据紧急重要程度，积极主动通过各种渠道收集获取行业内外部优秀干部人才信息，并通过与这些人才接触收集其职业意向、待遇条件、企业内部的岗位匹配度等信息，逐步绘制起外部干部人才资源池信息地图。

一般，外部人才信息常见的获取方式如下：

（1）利用招聘平台搜索符合职位要求的候选人，建立候选人信息库。

（2）委托专业猎头公司，进行行业人才地图绘制（mapping），找到优秀候选人。

（3）在专业社交媒体平台（如领英）发布招聘信息，寻找潜在候选人，并建立联系。

（4）参加行业展会、研讨会、交流会等活动，与行业内的专业人士建立联系，寻找潜在候选人。

（5）建立内部推荐制度，鼓励内部员工推荐业内优秀的候选人，提供相应的奖励并给予认可。

（6）通过对明确的目标企业进行定点搜寻和猎取，在关键人物定点猎取成功之后，通过关键人物以点带面，建立目标企业及相关企业的外部人才地图，如表7-5所示。

表7-5　外部人才地图

| 姓名 | 所在公司 | 现职位 | 潜在匹配岗位 | 个人情况 | 期望薪资 | 需求匹配 | 沟通策略 | 跟进情况 | 准备度 |
|---|---|---|---|---|---|---|---|---|---|
| 小戴 | 某医疗器械公司 | 高级项目经理 | 项目总监 | 1.硕士；2.8年工作经验，有头部外企经验；3.目前带领10个人的团队…… | 年薪不低于40万元 | 匹配度高：1.候选人当前在企业内部发展较好；2.不排斥外部机会；3.素质要求基本匹配 | 沟通关注：1.汇报关系需要直接对接VP；2.比较在意公司发展前景，建议重点沟通 | 2024年5月邀请参与活动论坛，保持日常沟通频率 | 高：时机成熟可直接邀约面试 |

**保持联结及时更新**

建立外部干部人才地图只是基础，更为关键和重要的是与人才地图中的潜在候选人保持深度的联结，跟踪其当前工作状态，了解其对自己企业岗位的意向等信息，根据联结情况及时更新外部人才地图信息，并对其与企业现有干部储备情况进行准备度评估，以便随时根据企业干部岗位需求状况立即展开行动，这是外部资源池管理的核心与关键。

对高管或人才特别稀缺、关键的干部岗位，企业家自己应经常与外部资源池人才保持深度联结，增强吸引力。其他干部人才，企业也应委派专人进行定期跟踪维护。常用的方式如下。

（1）定期交流沟通：定期通过邮件、电话、社交媒体或聚餐等方式与外部人才保持联系与接触，了解他们的近况、职业发展和兴趣爱好等。同时，也可分享行业动态、企业新闻或职业建议，保持与人才的沟通和交流。

（2）参与专业活动：参加行业会议、研讨会等专业活动，与外部人才面对面交流，建立更深层次的联系。通过参与共同的专业活动，加深对外部人才的了解，增强彼此之间的信任。

（3）提供有价值的信息：向外部人才提供有价值的信息和资源，比如分享行业报告、专业资源、学习机会、职业规划建议等，帮助他们解决工作、生活和职业发展中遇到的问题，拉近距离，赢得好感。

（4）创造合作机会：企业可通过邀请外部人才参观交流、分享培训、专项问题解决或担当专家顾问等形式，创造非正式的合作机会，"不为我所有，但可为我所用"，以此来增进互信和对彼此的了解，为未来建立长期的合作关系甚至顺利入职埋下伏笔。

通过以上方法，企业可以与外部资源池中的人才建立深度联结，增强彼此之间的信任和合作关系，为未来的合作打下坚实的基础。关键是，企业一旦出现关键干部岗位缺岗，而内部又没有合适的继任者，那企业就可以通过外部人才地图及时约谈合适的候选人，利用前期了解到的候选人的关注点和沟通策略快速招募其加入，而不是毫无准备和头绪地去在茫茫人才市场上"大海捞针"，这才是真正意义上的发挥了外部干部资源池的价值。

三大干部资源池，既有内部也有外部，既考虑了源头供给又考虑了当下"即需即供"，如果企业能将这三大干部资源池立体式地逐步建立起来，那就真正做到了任正非所说的"公司一定要具有人才可替代性，不能产生人才稀缺性，所以我们一直贯彻'多梯队、多梯次'管理"。企业的干部人才供应链一定要安全有保障，雄厚的干部人才优势将支撑企业持续稳定地发展。

# 第8章

# 打造你的干部管理部门

　　干部，无疑是企业发展中的战略资源、稀缺资源。在企业经营管理实践中，干部质量和数量不足就是企业最大的危机和威胁；干部能力和动力跟不上就是企业转型升级面临的最大的问题。既然如此，企业就应该对干部资源进行统一规划、统一管理、统一调配，实现干部管理一盘棋，这样才能真正实现干部管理的根本目的——良将如潮，英雄辈出。

　　因为干部这个群体的重要性（承担三大效应）和特殊性（具备五大特征），要实现对其专业化的管理，必须满足两个最基础的条件：一是企业家重视和参与；二是由专门的机构来承接干部管理的职能。

# 干部管理是一把手工程

干部群体如此重要又如此特殊，所以企业家重视并参与干部管理体系的规划、建设和推动执行就显得尤为重要。企业当中没有谁比一把手更适合，也更应该去推动干部管理体系的运行，他责无旁贷，否则干部管理体系很可能会变成"空中楼阁"，中看不中用。

很多企业干部管理没做好，并不是因为没有干部管理体系，或是没有能力建设干部管理体系，根本原因是企业家的管理意识和领导能力不足，这正应了那句老话——问题出在前三排，根子就在主席台。

## 企业家是干部管理第一责任人

在意识层面，企业家要认识到自己在干部管理中不是一个"发号施令者"，更不是一个"旁观者"，其真正的角色是干部管理的"第一责任人"，这是其他人无法替代的角色。企业家要把干部管理工作放到企业战略的高度去重视、落地和执行，肩负七大关键职责：

作为第一责任人，企业家需要制定全局性的干部管理战略，明确干部管理的目标、原则和方向，确保干部管理体系规划与企业的整体战略一致。

作为第一责任人，企业家需要发挥文化引领作用，塑造与企业使命、愿景和价值观相契合的干部管理文化。通过倡导正确的干部管理理念和行为准则，引导干部形成积极向上的工作态度和职业操守。

作为第一责任人，企业家要关注干部的个人成长和发展，为他们提供必要的支持和资源，帮助他们实现潜能的充分发挥。

作为第一责任人，企业家需要亲自参与整个干部管理体系的设计、实施、监督和评估，并推动体系的持续优化和升级，确保每一个环节都能够高效运作。

作为第一责任人，企业家需要承担干部管理成功实施的最终责任。当干部管理推进面临挑战和困难时，企业家需要勇于面对挑战，果断采取措施，解决障碍和问题。

作为第一责任人，企业家要坚决捍卫干部管理体系的权威性和严肃性，不容任何人对干部管理体系随意进行破坏或挑战。

作为第一责任人，企业家需要与各级干部建立和维持信任关系，确保他们愿意积极参与干部管理体系的建设，并贡献智慧和力量。

通过七大关键职责的履行，企业家能够为组织构建一个高效、稳定、可持续的干部管理体系，实现组织干部资源的有效增长、高效配置和充分利用，从而为企业的长期发展提供坚实的干部保障。

在这方面，海尔的张瑞敏先生是值得很多企业家学习的标杆。作为海尔集团的领航者，他深谙干部管理对企业发展的重要性。他亲自设计并推行了一套高效且新颖的干部管理体系，包括实施"人单合一"模式以强化市场导向和团队协作；采用"赛马不相马"的选拔机制激发干部潜能，提高其竞争力；重视并开展领导力培训以促进干部持续成长；建立"三权分立"的治理结构以确保企业稳健运行；始终将企业文化作为干部管理的核心导向。这一系列举措不仅帮助海尔塑造了一支高素质、高执行力的干部队伍，更为企业的全球化战略和持续创新提供了强有力的支撑。

**你若盛开，蝴蝶自来**

在能力层面，我们研究发现，很多企业家自身存在的一些短板，导致企业的干部管理体系难以搭建起来；或者即使搭建了干部管理体系，也很难让干部管理体系发挥作用。其中，最影响干部体系搭建的是以下四点（见图8-1）。

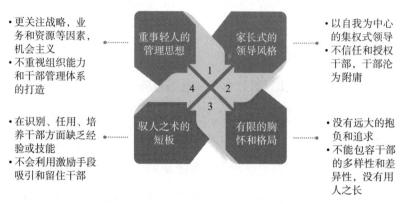

图8-1　影响干部体系搭建的四要素

（1）重事轻人的管理思想：管理理念和思维还不够成熟，机会主义和投机主义的思想使得企业家更关注企业的战略、业务和资源等因素，不重视组织能力和干部管理体系的打造。

（2）家长式的领导风格：以自我为中心的集权式领导，不信任和授权干部，导致干部缺乏尊重感、独立性和创新能力，沦为企业家的附庸，干部的主动性和能动性发挥不出来，成就感弱。

（3）有限的胸怀和格局：没有远大的抱负和追求，短视且欠缺对企业战略及干部管理体系长远的建设规划；格局不高导致心胸不够开阔，不能包容干部的多样性和差异性，没有学会用人之长，与优秀干部相处。

（4）驭人之术的短板：在识别、任用、培养干部方面缺乏经验或技能，也没有分享的决心和智慧，不会利用激励手段吸引和留住干部，只会提思路，然后把问题甩手扔给人力资源部门，自身人才管理实践能力不强。

总结起来可能就一句话——企业家的领导力还不够。

对此，胸怀大志的企业家应持续自我修炼，提升自我领导力（见表 8-1）的同时，打造好企业的干部管理体系，支撑企业更好地发展。

表8-1　领导力要素

| 领导力要素 | 能力描述 |
|---|---|
| 以身作则 | 企业家作为干部团队的领导者，应该以身作则，成为干部的榜样。在言行举止上，企业家应该展现出高度的职业道德和责任心，为干部团队树立正面形象 |
| 共启愿景 | 一个优秀的企业家应该能够清晰地描绘企业的愿景，并激发干部团队的共鸣和热情，通过使命驱动和愿景感召，带领干部队伍朝着共同的目标努力 |
| 精准选人 | 在选干部和用干部方面，企业家应该具备精准的眼光和判断力，通过科学的选拔机制，选拔出与企业文化和发展战略相契合的干部，为企业的长远发展提供有力保障 |
| 激励人心 | 激励是激发干部队伍潜力的关键手段。企业家应该懂得如何运用各种激励手段，如物质奖励、精神鼓励等，激发干部的积极性和创造力 |
| 人际敏锐 | 企业家应该具备敏锐的人际洞察力，能够准确把握干部们的心态和需求，通过人性化的管理手段，增强干部队伍的凝聚力和向心力 |
| 使众人行 | 企业家应该具备卓越的组织和协调能力，能够带领干部队伍高效执行各项任务，通过合理的资源配置和任务分配，实现干部队伍的整体效能最大化 |
| 教练技术 | 企业家还应该掌握一定的教练技术，帮助干部提升个人能力和职业素养，通过培训和指导，帮助干部实现自我成长和进步 |

## 打造干部管理领导团队

许多企业家在干部管理上存在上文所述的一些短板，为了干部管理体系推行的顺畅，也为了在干部选拔、任免等决策上能够"兼听则明"，企业家有必要亲自打造一支领导团队来支撑企业的干部管理工作，主要负责干部体系建设方案的审核、干部任免的决定、干部激励和发展方案的审批，辅助企业家做好干部管理的各项重大决策，其职能类似于很多企业的专家决策委员会。

比如华为在干部管理上有 AT（行政管理团队）、ST（经营管理团队）和党委等组织，一般 AT 和 ST 行使干部选拔的建议权，而党委则在干部选拔中有否决权和弹劾权等。各级管理团队很好地行使了干部管理的相关职责，帮助华为领导们做出重要的干部管理决策。

有研究发现，干部管理体系的成功 50% 取决于领导团队的打造，所以精挑细选干部管理领导团队显得尤为重要。企业家可以从企业一级部门一把手和高管团队中选拔合适的人来组建干部管理领导团队，根据我们的研究和实践经验，该团队成员的画像见图 8-2。

图8-2　干部管理领导团队的五个特征

根据这个画像选出来的干部管理领导团队成员，无论是从价值观导向，还是从选才能力、推动能力上来说，都能为企业干部管理体系的建设和落地起到强有力的支撑作用。

正常来讲，一个合适的干部管理领导团队的规模小则 5～7 人，大则10～20 人，视企业的规模、干部群体的人数和管理需要而定，没有绝对的参考。重要的是，企业家要根据上述画像挑选并定期盘点干部管理领导团队成员，根据胜任度灵活调整团队成员，确保干部管理体系稳固运行。

# 打造干部管理部门

干部作为企业发展的核心力量，管理复杂且要求较高，要实现对干部的专业化管理，除了企业家亲自担责外，还需要设立专业的部门或岗位进行专职管理。我国很多优秀标杆企业，比如华为、美团、小米等都成立了专门的干部管理机构负责干部的选、用、育、留。

要做好企业的干部管理工作，企业需要打造自己的干部管理机构，作为干部管理领导团队的常设机构，在企业家和干部管理领导团队的领导下，专职负责企业日常干部管理的各项工作。

我们研究发现，企业要建立自己的干部管理机构，关键需要做好以下五点。

## 统一思想，集中管理

干部管理部门设立的指导思想就是坚持企业对干部的统一指挥和领导，这是干部管理工作的基本原则。它强调了企业和一把手在干部选拔、任用和管理中的核心地位，确保干部始终与企业的共同纲领（使命、愿景和价值观）及战略目标保持高度一致，始终忠于企业而不是某个人，这样的干部数量是衡量干部管理部门是否高效运作的第一考察指标，也是强化其地位和作用的关键。

因此，我们建议干部管理部门由企业一把手直管，一是因为干部是企业的战略和稀缺资源，理应由企业一把手牢牢把控，从而实现对干部资源的统一调配、集中管理和做出最优配置；二是，这能确保干部管理体系建设与企业共同纲领和战略目标的紧密结合，匹配企业文化和战略需要；三是，这能提升干部管理部门的地位和影响力，便于各项干部管理工作的开展和推行，从而真正发挥出干部管理工作的价值。

### 灵活建制，架构先行

企业应秉承"灵活建制，架构先行"的原则，根据企业实际情况和干部管理的需求，灵活选择建制策略，动态调整自己的组织规模和结构，这也是干部管理工作的关键。

根据实践经验，一般有三种建制策略可供企业选择（见表8-2）。

表8-2　打造企业"组织部"的三种建制策略

| | 部门建制 | 岗位建制 | 职能建制 |
|---|---|---|---|
| 建制特点 | 独立的干部管理部门 | 不设专职部门，但设专职岗位 | 专项职能 |
| 运作方式 | 干部与非干部两套体系独立管理，但也协同配合 | 设在人力资源部下的专人专事，独立考核 | 由人力资源部有关人员兼任，但干部管理与人才管理合并操作 |
| 管理成本和要求 | 高 | 中 | 低 |
| 适用企业 | 大型企业，干部数量规模庞大 | 中小型企业，重视干部管理 | 小型企业，干部数量较少 |

### 部门建制：大型企业的干部战略核心

对于大型企业而言，干部队伍的规模庞大，组织结构复杂，因此需要更加专业和系统的管理。通过设立独立于人力资源部的专职部门来负责干部管理，能够确保干部管理工作得到重视的同时，独立性和专业性不断提升，从而为企业的战略发展提供有力的干部资源保障。

比如华为、小米、中兴通讯等企业就设置了专门的干部管理部门。

2018 年，华为把原来在人力资源部的干部管理权限剥离出来，设立了总干部部。总干部部负责在全企业范围内协调干部队伍，管干部的跨领域流动、能力成长和后备体系等。

同年，小米也专门设置集团组织部，专门负责中高层管理干部的聘用、升迁、培训和考核激励，以及各个部门的组织建设和编制审批，由联合创始人、高级副总裁刘德任部长。

国内某头部汽车企业在集团人力资源部下，单独设置总部干部管理部，内部按业务条线进行人员分工，负责整个集团各业务条线干部的选用育留工作。同时，为了更好地推动各子公司干部的管理，在子公司人力资源部也设置了干部管理专员负责干部管理工作。子公司人力资源部部长和干部管理专员在干部管理事务上与总部干部管理部门对接密切，但无管理关系。该企业虽设立了独立的干部管理部，但该部仍隶属人力资源部，并非完全独立。其具体的架构设置如图 8-3 所示。

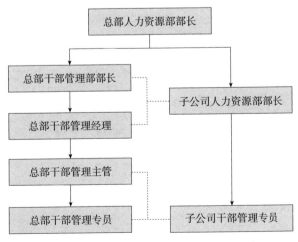

图8-3　某汽车集团干部管理部组织架构示意图

注：实线是管理关系；虚线是工作对接，无管理关系。

### 岗位建制：中小型企业的灵活应对策略

对于中小型企业而言，干部队伍的数量相对不大，组织结构相对简单，可以采用岗位建制来管理干部，也能凸显干部管理的专业化和重要性。在这种建制下，企业可以设置一个或多个专门的干部管理岗位来专项、专人负责干部管理工作。干部管理岗位上的人员可以深入了解企业的干部管理需求，制定更加贴合实际的干部管理策略，其考核的内容也就是干部管理职能工作的好坏。

同时，岗位建制也具有一定的灵活性，干部管理岗位一般设置在企业的人力资源部，人、岗和职能设置可以根据企业的干部管理和人才管理的需要进行调整和优化。

### 职能建制：小型企业的务实之选

对于规模较小的企业而言，由于资源和干部规模有限，无须设立专门的部门或岗位来管理干部，否则不够经济，其专业能力可能也无法支撑。在这种情况下，人力资源部架构和岗位设置无须改变，企业只需在明确干部管理职责重要性的前提下，安排人力资源部现有岗位上能力较强的员工来承担干部管理职责。很多时候，干部管理职责与一般人才的管理机制和流程不做专门区分，而是进行并轨操作。只是干部作为一个重要群体，在人才管理上会得到更多关注，管理动作和资源会向其做出倾斜。

## 先人后事，选对负责人

无论是部门建制还是岗位或职能建制，要发挥好干部管理职能，部门（干部管理部或人力资源部）负责人的选择至关重要。该部门作为企业内部负责干部管理的核心部门，其负责人的要求一般也比较高，他们不仅要在干部管理岗位上展现卓越的能力，还要在企业的发展中留下深刻的烙印。

企业选择干部管理部门负责人，在挑选范围上首先应满足两个优先。

第一个是内部优先。优先从内部选拔，这类人相对而言忠诚度较高，对企业文化和内部干部生态也比较熟悉，方便后续快速开展工作。如果内部实在没有合适的人选，再考虑从外部引入，但从外部引入的人一般存活率不高。

第二个是高管优先。优先从有影响力、业务出色的高管中去找，这就确保选出来的负责人首先懂业务，了解干部们的需求和痛点，后续的干部管理体系建设就能满足业务需要；同时，这类人在内部有影响力且能调动各种资源，对于后续推动干部管理体系建设事半功倍。

选择范围框定后，企业再对照干部管理部门负责人的选拔标准去挑选合适的候选人。我们的实践和研究发现，该部门负责人不仅要在价值观上与企业保持高度一致，确保企业的干部管理工作始终沿着正确的方向前进；该负责人还要拥有丰富的业务实践经验和卓越的领导才能，善于应对挑战、解决问题；他还要具有强烈的创新意识和改革精神，敢于打破常规，不断为企业的发展注入新的活力和动力。所以，企业对干部管理部门负责人的能力要求非常全面，其具体画像如图8-4所示。

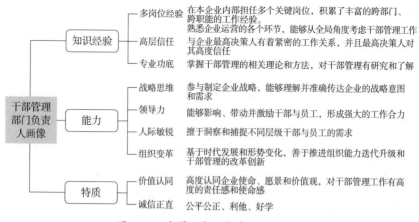

图8-4　干部管理部门负责人岗位画像

## 转变模式，完善运行机制

　　企业对于干部的管理也需要打破职能壁垒，通过分条线、分层级的方式实现对干部进行全生命周期管理，这一运行机制体现了企业对干部系统性、连续性和精细化的管理。企业对于干部全生命周期管理的运行机制如图 8-5 所示。

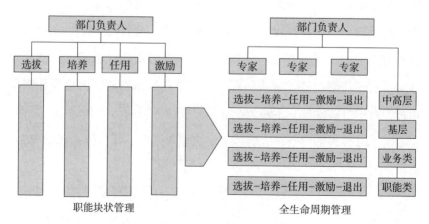

图8-5　干部全生命周期管理运行机制

第一，传统的块状管理模式将干部的管理工作分割成多个岗位，导致管理过程中的断裂和不连贯。而全生命周期管理意味着打破了职能块状壁垒，实现了将干部从选拔、培养、任用、激励到退出等各个环节整合到一个岗位或一组人进行的系统的、连续的管理。这样可以确保干部管理更加连贯、高效，并且能够实时根据干部的发展状况调整手段。

第二，传统的块状管理模式是职能和专业导向，强化这种管理方式容易陷入专业窠臼不能自拔，导致干部管理的实用性和解决业务问题的能力不强；而全生命周期管理模式是业务和客户导向，这种管理模式更有助于确保干部的发展与公司战略和业务保持高度一致，更是一种基于业务需求的管理模式，更符合干部管理的初衷——良将如潮打胜仗，同时也有助于提高干部管理的工作效率和满意度。

第三，分条线和分层级的管理模式更能从不同类型干部的需求出发。企业可以根据不同类型干部的规模和需求情况，设置不同的管理方案和政策，这样有助于更好地发挥干部管理的专业优势，更好地积累经验，同时也能实现干部管理资源的合理配置，提高干部们的满意度。

需提醒的是，一个或一组岗位涉及一类干部的全生命周期管理，这对该岗位任职者的能力提出了更高要求。干部管理人员不仅要理解业务部门对干部管理的需求，自身也需要较强的干部管理专业能力和经验，这非一般职能模块的 HR 所能胜任的。

### 各司其职，与人力部门相辅相成

如果干部管理部门是职能建制，那企业现有人力资源部架构可能并不需要大动，只需在日常工作中更强调和关注干部群体的建设。

而在部门建制和岗位建制下，干部管理部/岗需清晰界定自己的职责，特别要与企业人力资源部/岗职责进行区分，既要分工又要协同。

华为在2018年初发起人力资源管理纲要2.0的公开讨论之后，任正非开始对人力资源管理体系进行重大调整，把原来在人力资源部的具体管人的权限分离出来，成立了由公司直接管理的华为总干部部。从此，华为的人力资源体系分为人力资源体系和干部管理体系两个系统。

华为人力资源部和干部管理部的分工如表8-3所示。

表8-3　华为人力资源部和干部管理部的分工

|  | 人力资源部 | 干部管理部 |
|---|---|---|
| 核心分工 | 人力资源部管规则，包括规则的建议，以及对规则执行的监管 | 干部管理部管干部，负责在全局范围内协调干部队伍，负责干部的跨领域成长、流动和能力成长 |
| 服务对象 | 以员工为中心，包括员工招聘、培训与激励、员工发展等相关工作 | 以干部为中心，负责（后备）干部的选拔、培养、考核、淘汰、退出 |
| 基本定位 | 负责专业化。人力资源体系主要负责公司人力资源政策与规则的体系化、专业化的建设 | 负责差异化。干部管理体系主要负责将人力资源政策和规则与业务部门的实际需求相结合，具体执行干部的管理，使政策效果达到预期 |
| 权力来源 | 人力资源体系拥有规则的草拟权。规则由董事会进行决策和审核 | 干部管理体系拥有规则的建议权、执行权。通过各级干部部将规则应用在各部门的实际管理中 |
| 组织特征 | 人力资源部属于块状组织，除了人力资源部本部，还有人力资源共享中心，以及向下延伸的专业化组织 | 干部管理部属于线条组织，包括总干部部及各部门的干部部，是公司整个干部管理的COE，干部部重点负责干部的全生命周期管理 |
| 管理方向 | 人力资源部要从权力中心变成服务中心，要从后台走向前台。人力资源部负责公司专业的人力资源后台支撑服务 | 干部管理部要从服务中心变成权力中心，从前台走到后台。干部管理部要进行干部管理的理念、标准和授权原则的建设，以及导向科学地管理 |

从上表可以看出，华为的人力资源体系和干部管理体系这两个系统不是对立的关系，而是分工各有侧重、相互协同的系统。在基层组织的层面上，两个系统甚至融合在一起，以提高效率。

总的来说，企业干部管理部主要负责企业内部干部的管理工作，执行人力资源部制定的政策，包括干部的选拔、任免、调配、培训、考核、监督等方面。它关注的是干部的职业发展、能力提升和绩效表现，以确保干部在数量、质量和结构上满足企业发展的需要。

而人力资源部则更广泛地负责企业的人力资源管理工作，重点是规则建设和一般员工管理。这包括人力资源规划、招聘、培训、薪酬、福利、员工关系、法律法规遵守等方面。人力资源部关注的是企业人力资源的整体配置、开发和利用，以确保企业的人力资源需求得到满足，并为员工提供良好的工作环境和发展机会。

两者在职责上虽存在一定的交叉，但在实际工作中有明确的流程和职责区分，相互配合，共同为企业的发展提供有力的人才保障。

## 搭建干部管理体系的全流程

建立了干部管理部并明确了其定位、职责、架构和负责人之后，接下来的关键步骤是全面梳理和优化干部管理体系的全流程（见图8-6）。

"战略规划"是干部管理体系全流程的起点。在这一阶段，组织需要深思熟虑，长远规划，基于战略规划预测对干部的需求，并据此确立一套科学、合理的干部标准，确保企业在干部选拔、配置、招聘、培养、评价、任用和激励等各个环节都有明确的标准。在"规划层"这一层次，组织将基于战略规划的指引，进一步明确和细化干部的标准，并通过干部盘点，全面了解现有干部的实际状况和潜在能力。基于这些信息精准规划未来干部的培养和引进策略，确保干部储备与业务需求的高度匹配。

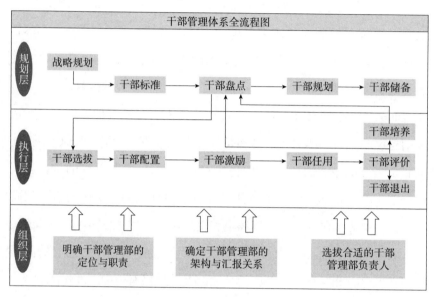

图8-6　干部管理体系全流程图

"执行层"是干部管理体系全流程的核心部分。在这一层次，组织将具体执行干部管理的各项任务，包括干部选拔、干部配置、干部激励、干部任用、干部评价、干部培养和干部退出等环节。干部选拔环节将依据既定的干部标准和规划，从内部或外部精准挑选出合适的干部；干部配置环节则确保这些干部能够迅速融入岗位，发挥最大效能；干部激励环节通过薪酬、晋升等多元化手段，激发干部的工作热情和积极性；干部任用环节赋予干部相应的职责和权力；干部评价环节则定期对干部的工作绩效进行客观评估，确保干部队伍始终保持高效、高质。干部培养环节确保人才梯队建设不断层，干部人才供应源源不断。特别值得一提的是干部退出环节。这一环节针对那些表现不佳、无法胜任岗位要求的干部进行调整或令其离职，旨在确保组织的健康和活力，为优秀的干部人才腾出更多发展空间。

在流程图的底部，"组织层"这一层次明确企业干部管理部机构设置、定位和职责，确定其架构与汇报关系，并确保干部管理部负责人具备相应的领导力和管理能力。这一层次的完善将确保整个干部管理体系的高效运作和持续发展，特别是干部管理部要不断推进干部工作的制度化、规范化、科学化，完善选拔任用、考核评价、激励约束等机制，用日臻完善的制度和体系来管理干部，确保干部工作的公正、公平和有效。同时，要注重制度创新，不断探索适应新时代要求的干部工作新方法、新途径。制度建设是干部管理工作的基础。这些完备的机制，确保了干部管理部能够高效地发挥其职能作用，为企业的发展提供坚实的组织保障。

经过对干部管理体系全流程图的分析，相信企业领导者们都能看出来，干部管理是一个系统的、科学的庞大工程，包括很多子环节和子体系，而且各个环节、体系又环环相扣、紧密联系。但是，从企业方的角度来看，各个企业面临的业务痛点不同，出现的干部管理问题不同，需要配套的具体干部管理的动作就不同，从时间、效率、成本的角度考虑，也不可能整体上马，建设一个大而全的干部管理体系。

所以，干部管理经常出现为了解决一个局部的问题，诱发了另外的问题——"按下葫芦又浮起了瓢"的现象。比如，企业想做干部的末位淘汰，但是发现没有干部梯队，现任干部一旦被干掉，企业到哪儿去找合适的人呢？剩下的人还远远不如现在在岗的干部，导致干部淘汰动作很难执行。

干部管理体系的建立一定要有全局视野和系统思考，也就是说，企业必须首先回答整个干部管理的架构是什么，才能避免干部管理体系建设的先天不足和致命缺陷，防止出现系统性风险和未来花费大量成本推倒重来的情形。

但从实施的角度来说，"罗马不是一天建成的"。干部管理体系的建立要对准业务的痛点和需求，有选择性地寻找合适的切入口，找到适合自己企业干部管理的解题路径，循序渐进地构建起整个干部管理体系，"磨刀不误砍柴工"。

企业只要有干部，就有干部管理的痛，就要着手构建干部管理体系，而且越早越好。因为企业一旦有了一定规模，干部多了，再想去重塑干部就会变得很困难。越早推行干部管理的机制，难度只会越小，很多干部管理的问题，早期就能在源头上得到解决。

# 参考文献

[1] 卡普兰，诺顿. 平衡计分卡：化战略为行动 [M]. 刘俊勇，孙薇，译. 广州：广东经济出版社，2004.

[2] 金一南. 胜者思维：金一南破解当今世界制胜之道 [M]. 北京：北京联合出版公司，2017.

[3] 房晟陶，左谦，蔡地. 真高管团队 [M]. 北京：民主与建设出版社有限责任公司，2022.

[4] 李祖滨，汤鹏，李锐. 人才盘点：盘出人效和利润 [M]. 北京：机械工业出版社，2020.

[5] 黄卫伟. 以奋斗者为本：华为公司人力资源管理纲要 [M]. 北京：中信出版社，2015.

[6] 祖克，艾伦. 创始人精神：如何克服发展中可预见的危机 [M]. 刘健，译. 北京：中信出版集团股份有限公司，2016.

[7] 德鲁克. 卓有成效的管理者：精装版 [M]. 刘澜，译. 北京：机械工业出版社，2023.

[8]　西蒙，杨一安.隐形冠军：未来全球化的先锋 [M].张帆，吴君，刘惠宇，等译.北京：机械工业出版社，2019.

[9]　苗兆光.干部管理的五条"第一性原理" [EB/OL].（2024-01-27）.https://mp.weixin.qq.com/s/14pcX_8WxFn-D4_hUf2Fkg.

[10]　田野.你的干部为什么不担责 [EB/OL].（2024-01-24）.https://mp.weixin.qq.com/s/S8tdIK1oMybhAhMh6qM7hA.

[11]　湖畔黑衣人.深度解读阿里"新六脉神剑"：价值观如何产生？如何落地？ [EB/OL].（2019-10-17）.https://mp.weixin.qq.com/s/grR7kM-ER9pocCQ2i7kGbA.

[12]　中华人民共和国中央人民政府."双百企业"推行经理层成员任期制和契约化管理操作指引 [R/OL].（2020-02-07）.https://www.gov.cn/xinwen/2020-02/07/content_5475910.htm.

[13]　马斯洛.动机与人格 [M].许金声，等译.北京：中国人民大学出版社，2013.

[14]　塞利格曼.持续的幸福 [M].赵昱鲲，译.杭州：浙江人民出版社，2012.

[15]　稻盛和夫.创造高收益：稻盛和夫亲自讲述企业经营的 16 个重要问题 [M].喻海翔，译.北京：东方出版社，2010.

[16]　德鲁克.管理-使命篇：使命、责任、实践 [M].陈驯，译.北京：机械工业出版社，2019.

[17]　彭浩.从"工资最高的时候成本最低"谈起 [J].人力资源，2014，10.

[18]　李祖滨，汤鹏.聚焦于人：人力资源领先战略 [M].北京：电子工业出版社，2017.

[19]　卞志汉.科学分钱：学习华为分钱方法，解决企业激励难题 [M].北京：电子工业出版社，2021.

[20]　何玲.美的集团股权激励案例分析 [J].合作经济与科技，2023，8.

[21]　李晶.要培训，不要赔训：企业培训必备实战全书 [M].北京：金城

出版社，2015.

[22] 柯克帕特里克 J D，柯克帕特里克 W K. 培训审判：再造职场学习 保持与时俱进 [M]. 崔连斌，胡丽，译. 南京：江苏人民出版社，2012.

[23] 白翰姆，史密斯，皮尔斯. 培养接班人：如何挖掘、培养并留任企业精英人才 [M]. 费书东，译. 上海：上海远东出版社，2015.

[24] 查兰. 高管路径："轮岗培养"领导人才 [M]. 徐中，杨懿梅，译. 北京：机械工业出版社，2011.

[25] 查兰，德罗特，诺埃尔. 领导梯队：全面打造领导力驱动型公司 [M]. 徐中，林嵩，雷静，译. 北京：机械工业出版社，2011.

[26] 麦考德. 奈飞文化手册 [M]. 范珂，译. 杭州：浙江教育出版社，2018.

[27] 戈尔曼. 情商 [M]. 杨春晓，译. 北京：中信出版社，2010.

[28] 库泽斯，波斯纳. 领导力：如何在组织中成就卓越 [M]. 徐中，周政，王俊杰，译. 北京：电子工业出版社，2013.

[29] 丁伟华，孙雨佳，田野. 训战出英雄：华为干部九条　华为干部管理的创新方法 [M]. 北京：机械工业出版社，2018.

[30] 史班瑟. 才能评鉴法：建立卓越的绩效模式 [M]. 魏梅金，译. 汕头：汕头大学出版社，2003.

[31] 侯琳良. 攻坚队长 扶贫一线新作为（干部状态新观察）[EB/OL].（2018-08-23）. http://politics.people.com.cn/n1/2018/0823/c1001-30245097.html.

[32] 李祖滨，汤鹏，李志华. 345 薪酬：提升人效跑赢大势 [M]. 北京：电子工业出版社，2019.

[33] 胡弦. 湖北联投让"躺平式"干部"躺不平"[EB/OL].（2023-10-25）. https://baijiahao.baidu.com/s?id=1780689419331173308&wfr=spider&for=pc.

[34] 余胜海. 干部强则企业强！一文详解华为持续运营近 30 年的干部管理

体系 [EB/OL]. （2019-06-13）. https://mp.weixin.qq.com/s/jBtaxcZHypl_-5Ny15gszg.

[35] 应心凤."干部管理"一张图 [EB/OL].（2023-07-05）. https://mp.weixin.qq.com/s/t3gZo_X9NIdM0Iv9M6mXuA.

[36] 应心凤.能上能下：干部退出的八种方式 [EB/OL].（2023-10-24）. https://mp.weixin.qq.com/s/zZPD9yS_hFThfCAhhnAmSQ.

[37] 应心凤.干部培养的四个关键 [EB/OL].（2023-11-13）. https://mp.weixin.qq.com/s/HeZr-AcCmGKraHuLCicyTA.

[38] 焦静钰.靶向激励，让干部更有动力 [EB/OL].（2023-12-18）. https://mp.weixin.qq.com/s/svqGMLoRn_P4H9pLeOV0Mw.

[39] 焦静钰.谷歌：通过使命和梦想吸引优秀的人才 [EB/OL].（2024-02-01）. https://mp.weixin.qq.com/s/hTCbgu9muSI2SsoPXvJ4YQ.

[40] 汤鹏.多谈培养，少谈培训 [EB/OL].（2024-01-11）. https://mp.weixin.qq.com/s/AxGk1eR2ngGqHZtoGuxHBQ.

[41] 李志华.干部四大职责－摘、种、建、优 [EB/OL].（2024-01-17）. https://mp.weixin.qq.com/s/790ljxGyEpzsOvD7l0Tvsw.

[42] 汤鹏.新干部转身"胜利模型" [EB/OL].（2024-04-30）. https://mp.weixin.qq.com/s/pZlFR0VVqaBSncBCaMGDlQ.

[43] 夏惊鸣.也像任正非、雷军那么重视人才，为何企业还是不能"良将辈出"? [EB/OL].（2024-04-04）. https://mp.weixin.qq.com/s/tchcGanvru3miuDNJ-NLDA.

[44] 乔诺商学院.华为后备干部资源池：要么进步，要么被淘汰 [EB/OL].（2019-09-20）. https://mp.weixin.qq.com/s/87XA_xBV5uth58f0ietH5Q.

[45] 鲁克德.京东人力资源管理纲要 [M].北京：华文出版社，2019.

[46] HR新逻辑.刘强东：京东最让我引以为傲的是管培生制度 [EB/OL].（2021-01-18）. https://mp.weixin.qq.com/s/

xNjndKwxFAR8EvHPPCnkLg .

[47] 人力资源智享会 HREC.海尔：差异化运营外部人才库，支持人才转化 [EB/OL].（2022-09-09）. https://mp.weixin.qq.com/s/tvWBM_8nxMAMoOW-73o9tw.

[48] 国企人力资源研究 .国企干部梯队建设中的关键环节与实践经验分享 [EB/OL].（2023-06-13）. https://mp.weixin.qq.com/s/ 5QLtEbSg ZnbJOMLHt_5hDw.